Verena Kast

Konflikte anders sehen

HERDER spektrum
Band 5975

Das Buch

Oft geraten wir immer wieder in die gleichen Konflikte, ärgern uns, werden wütend oder sind verstimmt. Das ist die eine Seite. Die andere Seite: Hinter diesen Konflikten verbergen sich oft genug unsere ureigensten Lebensthemen. Themen, die uns wichtig sind und die sie sich auf diese Weise immer wieder zu Wort melden. Wenn wir ihnen auf die Spur kommen, entschärft sich plötzlich vieles. Und dann ist man Konflikten nicht mehr einfach ausgeliefert, sondern kann neue und oft genug bereichernde Seiten des Lebens entdecken.

Die Autorin

Verena Kast, Psychotherapeutin, Dozentin am C. G. Jung Institut Zürich, Professorin an der Universität Zürich, Vorsitzende der Internationalen Gesellschaft für Tiefenpsychologie. Autorin zahlreicher Bücher.

Verena Kast

Konflikte anders sehen

Die eigenen Lebensthemen entdecken

FREIBURG · BASEL · WIEN

Titel der Originalausgabe:
Schlüssel zu den Lebensthemen – Konflikte anders sehen
© Verlag Herder GmbH, Freiburg im Breisgau 2004
ISBN 3-451-28332-8

© Verlag Herder GmbH, Freiburg im Breisgau 2008
Alle Rechte vorbehalten
www.herder.de

Umschlaggestaltung und -konzeption:
R·M·E München/Roland Eschlbeck, Liana Tuchel
Umschlagmotiv: © Gettyimages
Foto der Autorin: © Micha Pawlitzki

Satz: DTP-Satzservice Peter Huber, Freiburg
Herstellung: fgb · freiburger graphische betriebe
www.fgb.de

Gedruckt auf umweltfreundlichem, chlorfrei gebleichtem Papier
Printed in Germany

ISBN 978-3-451-05975-9

Inhalt

Lebensthemen 7
Was wir anstreben
Konflikte und Lebensthemen – beidseitiges Sehen lernen 11
Lebensthemen, die in Problemen verborgen sind 12
Die Sehnsucht als Wegweiserin 16

Verborgene Lebensthemen in komplexhaften Erfahrungen .. 21
„Spricht mich jemand von oben herab an,
sehe ich rot" – eine Komplexreaktion 21
Komplexe – Energiezentren des psychischen Lebens 22

Lebensthemen, die sich in alltäglichen Konflikten zeigen ... 41
„Ich komme immer zu kurz" 41
„Irgendwie werde ich immer im Stich gelassen" 56
„Ich muss immer verlassen" 57
„Ich bin immer für andere da,
aber für mich ist nie jemand da" 65
„Ich kann jeden verstehen, der mich verlässt" 72
„Mit meiner Freude bleibe ich allein" 76
„Im entscheidenden Moment werde ich
im Stich gelassen" 86
„Ich bin immer an allem schuld" 94
„Aus dem wird nie etwas Rechtes" 102
„Aus dir wird nie etwas Rechtes" – eine Variante 107

„Mir verdirbt man immer schon die Vorfreude" 109
„Mir verdirbt man immer die Freude" 122
„Wenn ich nicht alles selber mache,
geht immer alles schief" 127
„Ich muss immer alles selber machen – eine Variante" .. 131

Sich einen Spielraum schaffen 135

Und Ihre eigenen Lebensthemen? 139

Dank 141

Anhang 143
   Komplexe 143
   Das Märchen vom Aschenputtel 149

Literatur 157

Lebensthemen

Was wir anstreben – wonach wir streben

In den Lebensthemen zeigen sich Wünsche und Ideen, die im eigenen Leben verwirklicht werden wollen, damit wir von einem gelingenden Leben sprechen können. Es gehört zum Menschsein, dass wir in unserem Leben etwas bewirken, etwas verwirklichen, etwas erreichen wollen. Offen oder insgeheim streben alle Menschen nach etwas, das zu realisieren in ihrem konkreten Leben bedeutsam ist, ihrem Leben Sinn gibt: Wir alle wollen unsere Wünsche verwirklichen. Den wichtigen Entscheidungen, die unsere Identität und damit die jeweiligen Lebensthemen betreffen, liegen solche Wünsche zu Grunde. Diese Entscheidungen richten sich immer auch auf die Erfüllung dieser Wünsche. Auch Wünsche, die uns nicht bewusst sind, beeinflussen unsere Vorstellungen davon, welche Themen denn in unserem Leben verwirklicht werden sollen und welche wir verwirklichen wollen. Man erkennt sie nachträglich an den Mustern, die sich in unserem Leben zeigen, und die uns erstaunen. Rückblickend sagen wir dann oft, dass wir „das" wohl schon immer angestrebt haben, obwohl es uns nicht wirklich bewusst war.

Da hat ein Mann, der von sich selber dachte, dass er niemals in die Politik gehen würde, sich im Leben so positioniert, dass eine politische Laufbahn plötzlich „logisch" war. Und etwas erstaunt sagt er, angesichts des Weges den er gegangen ist: „Wahrscheinlich ‚wollte' ich schon immer politisch tätig sein, ich wusste es nur noch nicht."

Die noch nicht bewussten Wünsche zeigen sich in unserer Fantasie, in unserer Vorstellungskraft, in unseren Tagträumen. Wünsche verbinden sich miteinander zu Lebensthemen, auf die wir unseren Willen richten und die wir mit unserem Willen verwirklichen. Solche Lebensthemen werden im Laufe eines Lebens jedoch immer wieder in größerem oder geringerem Maße umgestaltet. Wir können sie mit der Zeit immer mehr bewusst wahrnehmen. Gleichzeitig werden sie immer wieder neu gestaltet durch neue Wünsche, Erfahrungen, Vorstellungen. Nicht die zu erreichenden Ziele sind dabei im Vordergrund, sondern die fortwährende Gestaltung der Themen im Alltag, und damit unserer Identität[1]. Unsere Identität wird durch diese Ziele, wenn sie uns denn bewusst sind, mitbestimmt. Gelingt es in einem gewissen Maße, diese sich verändernden Lebensthemen zu verwirklichen, dann wird das Leben als sinnvoll erlebt. Wenn diese spezifischen Wünsche und die damit verbundenen Gestaltungsabsichten durchkreuzt werden, leiden Menschen ganz besonders.

Was zu realisieren in Ihrem Leben ist Ihnen wichtig?

Was wollten Sie eigentlich mit Ihrem Leben? Und was wollen Sie noch mit Ihrem Leben?

Was davon haben Sie verwirklicht? Und was ist dann mit diesem Lebensthema geschehen? Sind andere Lebensthemen wichtiger geworden?

Haben Sie Tagträume von einem ganz anderen Leben?

Sind Ihnen bei der Realisierung eines Lebensthemas Ihre Absichten und Strebungen durchkreuzt worden? Machen Sie die Erfah-

---

[1] Kast Verena (2003) Trotz allem Ich. Gefühle des Selbstwerts und die Erfahrung von Identität. Freiburg im Breisgau

rung, dass Ihre darauf gerichtete Absichten immer wieder durchkreuzt werden?

Die Antworten auf diese Fragen können aufzeigen, welche Lebensthemen in Ihrem Leben von großer Bedeutung sind. Und sie können deutlich machen, dass sich Lebensthemen, wie alles im Leben, wandeln. Es ist nicht einfach, die unser Leben bestimmenden Lebensthemen ins Bewusstsein zu holen. Da gibt es natürlich diejenigen, die unser Leben ganz wesentlich bestimmt haben und bestimmen – aber oft sind auch Teilaspekte von größeren Themen wichtig. Sie weisen auf Lebensthemen, die sich oft erst erschließen, wenn man länger über sich nachdenkt, vielleicht sogar erst dann, wenn man die eigene Biografie einmal unter diesem Aspekt ansieht. Welche Lebensthemen werden in der eigenen Biografie immer wieder sichtbar? Welche Wünsche, Absichten, Pläne, Fantasien, die zu verwirklichen sind, ziehen sich wie rote Fäden durch unsere Biografie?

Lebensthemen werden zum Beispiel deutlich in Geschichten, die uns emotional berührt haben, die uns unter die Haut gegangen sind und deshalb auch in der Erinnerung präsent bleiben. Es können Filme sein, die für uns wichtig sind, ja sogar die Märchen der Kindheit, die uns berührt haben. Solche Werke, die unsere Kultur hervorgebracht hat, projizieren unsere Lebensthemen. Lebensthemen zeigen sich in allem, was unser Interesse mehr als vorübergehend zu fesseln vermag. Bringt man diese uns schon immer interessierenden Themen in einen Zusammenhang, werden sich deutliche Lebensthemen herausschälen.

Lebensthemen sind existentielle mehr oder weniger bewusste Leitideen, die mit bedeutenden Emotionen verbunden sind und die unser Erleben und unser Verhalten in bestimmten Lebensabschnitten bestimmen. Sie schaffen unsere alltägliche Realität.

Sie sind auch die Themen, um die sich jeweils unsere autobiografischen Erzählungen ranken.[2]

Ein Mann, und das ist eines seiner Lebensthemen, möchte seinen Mitmenschen das alltägliche Leben erleichtern. Er tut es, indem er Geräte verbessert, die im Haushalt gebraucht werden. Er erfindet auch selbst einige neue Geräte. Wenn er seine Lebensgeschichte erzählt, dann rankt sie sich vornehmlich um wichtige Veränderungen an Geräten, die ihm gelungen sind, und darum, wie diese Veränderungen von den Mitmenschen mit großer Zufriedenheit aufgenommen worden sind. Eines seiner Lebensthemen dürfte ebenfalls sein, Menschen glücklich zu machen. Wir haben nämlich in der Regel einige verschiedene Lebensthemen, die sich im Laufe des Lebens leicht verändern, zum Beispiel auch dem jeweiligen Alter angepasst werden. Es gibt Lebensthemen, die im Laufe der Zeit in den Hintergrund treten. Dafür werden andere wichtiger. Werden wir daran gehindert, unsere Lebensthemen zu verwirklichen, leiden wir. Wessen Lebensthema es ist, die Enge seiner Herkunft zu sprengen, wird mehr darunter leiden, wenn ein beruflicher Aufbruch scheitert, als jemand, dessen Lebensthema es ist, ein möglichst stressfreies Leben zu führen.

---

[2] Mundt, Fiedler u. a. beschäftigen sich schon seit längerem mit der Erforschung von Lebensthemen psychiatrischer Patienten. Ihre Definition: „Lebensthemen als intentionale Inhalte sind über längere Zeit und Lebensspannen hinweg handlungsbestimmende, teils bewusste, teils unbewusste Inhalte des Seelenlebens. Sie sind stark emotionalisiert. Von daher wachsen dem Individuum vom aussichtsreichen Verfolgen der Lebensthemen Kräfte zu, beim Scheitern ist entsprechend seelisches Leid zu erwarten." (Persönliche, schriftliche Mitteilung).

Konflikte und Lebensthemen – beidseitiges Sehen lernen

Betrachten wir das Leben des individuellen Menschen aus der Perspektive der Lebensthemen, dann wird deutlich, dass das Seelenleben, wie alles Leben, auf die Verwirklichung von Möglichkeiten, auf Selbstentfaltung, auf Selbsterhaltung, auf Selbstgestaltung, auf ein immer neu mögliches Werden hin ausgerichtet ist. Es geht um die Gestaltungskraft, die wir entwickeln, und ihre Spuren im eigenen Leben. Es geht dabei nicht so sehr darum, was uns alles im Leben zugestoßen ist, was uns Schreckliches angetan wurde. Eine solche Einstellung ist oft verbunden mit der Anforderung an die Welt, sie müsse Wiedergutmachung in irgend einer Form leisten. Beim Blick auf die Lebensthemen geht es jedoch um Zukunft, um ein anderes, noch ausstehendes, noch mögliches Selbst: dieser Blick macht hoffnungsvoll.

Die Konzentration auf die Lebensthemen setzt bei der je eigenen Kraft jedes Menschen an: Wie schwierig ein Leben auch ist, wie viele Schicksalsschläge es auszuhalten gilt, immer auch findet sich das vitale Streben danach, einige wichtige Aspekte des Lebens zu verwirklichen. Richtet sich der Blick auf die Lebensthemen, geht es um ein „beidseitiges Sehen": Nicht nur die Konflikte werden gesehen, nicht nur das Pathologische in einem Leben, sondern auch das gesunde Streben nach etwas zentral Wichtigem, auch wenn dieses, was oft der Fall ist, immer wieder einmal durchkreuzt wird.

Beachtet man die Lebensthemen, so wird darin schon deutlich, wo jeweils die Selbstsorge eines Menschen ansetzen kann. Denn sehen wir nur die Pathologie, das Schlimme, dann erwarten wir die Hilfe von außen und geraten dadurch in eine Versorgungsmentalität. Solch eine Mentalität führt in Konsequenz zu dem Anspruch, dass alle irgendwie versorgt werden müssen – und wenn sie es nicht werden, werden sie ärgerlich und enttäuscht.

Die Sorge für sich selbst wird nach außen delegiert. Natürlich darf man Menschen, die Hilfe brauchen, Hilfe nicht versagen. Mir scheint indessen wichtig zu sein, auch die Würde der Selbstsorge zu bedenken – nicht nur angesichts von schwindenden staatlichen Finanzen. Selbstsorge weist auf die Gestaltungsfähigkeit und ein dadurch erstarkendes Selbst des einzelnen Menschen hin. Die Versorgungsmentalität hingegen ist im Moment weit verbreitet und ein großes gesellschaftliches und individuelles Problem. Die Idee der Selbstsorge liegt hingegen eher im Schatten. Sie gilt es zu stärken.

Lebensthemen, die in Problemen verborgen sind

Es bedarf einiger Gewöhnung und einiger Übung, in den Lebensthemen wirklich die gesunden, wichtigen Strebungen des Menschen zu sehen, die im Alltag verwirklicht werden sollen, damit das Leben als ein sinnvolles Leben erfahren wird. Wir sprechen im Alltag oft von Lebensthemen und meinen damit die Lebensprobleme, die uns getreulich begleiten, obwohl wir ständig an ihnen arbeiten, und die natürlich auch ein bestimmendes Thema unseres Lebens sind. Diese uns stetig oder zeitweilig begleitenden Lebensprobleme, die uns hemmen, enthalten fast ausnahmslos Lebensthemen in einem vitalen Sinn, die verwirklicht werden wollen, und die, einmal erkannt, unserem Leben einen Schwung geben könnten.

Um diese Hypothese zu testen, fragte ich eine Kollegin, die ein Forschungsteam leitet, ob sie sich an ein emotional bedeutsames Problem in den letzten Wochen erinnern könne.

Sie erinnert sich: „Eigentlich bin ich schon länger unzufrieden. Der Teamgeist funktioniert nicht. Es ist so eine müde Atmosphäre. Ich muss ständig anregen, stimulieren, damit der Laden nicht versinkt, so in Depression, würde ich sagen. Ich kann das ja gut, ist eine meiner Stärken, aber langsam bin ich es müde."

Auf die Frage, wie denn das Team sein müsste, antwortete sie:

„Begeistert sollten sie sein – von sich aus, ohne meine Hilfe. Es sind ja prima Leute. Gut, sie haben zu viel zu tun. Doch begeistert sollten sie sein, lebendig, anregend, auch für mich."

Hinter der Unzufriedenheit, dem Problem, steckt eine Sehnsucht: Das Team soll begeistert, lebendig, anregend sein – und dann ist sie, die Chefin, es auch. Das Lebensthema hinter ihrer Unzufriedenheit könnte die Suche nach Begeisterung, nach Intensität sein.

Ich fragte sie, ob sie das Thema, dass immer sie es sei, die anregen müsse, aus ihrem Leben kenne.

„Ja, natürlich. Als ich diese Laufbahn eingeschlagen habe, habe mir vorgestellt, dass ich immer angeregt sein werde, dass ich mit anderen Menschen zusammen spannende Entdeckungen machen werde. Das war natürlich noch jugendlich gedacht. Aber eigentlich erwarte ich das noch immer – und je mehr mich die Anderen im Stich lassen, umso mehr versuche ich selber, anregend zu sein."

Weil sie von sich sagte, es sei noch „jugendlich gedacht", frage ich sie danach, ob dieses Lebensthema auch schon ein Thema früher in ihrem Leben gewesen sei.

„Ich habe immer ,belebt'. In der Schule zum Beispiel. Ich habe mich identifiziert als eine Schülerin, die anregen kann. Die Lehrer haben sich darauf verlassen, glaube ich. In der Familie habe ich auch belebt. Die waren irgendwie alle so langweilig, sie waren alle so kontrolliert oder gedrückt oder beides. Vielleicht waren sie auch überarbeitet. Das denke ich heute. Damals habe ich einfach versucht, Lebendigkeit hineinzubringen."

Aus dem Problem der letzten Wochen: „Im Team herrscht eine so müde Atmosphäre", ist leicht ein Lebensthema herauszuschälen:

Die Kollegin möchte ein angeregtes, inspiriertes Leben haben. Für sie steht es im Zusammenhang mit Forschen und Entdecken, mit Suchen und Finden, und sie möchte dies alles mit anderen zusammen immer wieder erleben. Um das zu erreichen, tut sie viel – zu viel – und wird dann enttäuscht, ärgerlich und fühlt sich überfordert. Dieses Lebensthema lässt sich, wie jedes Lebensthema, zurückverfolgen: Mit ihrer Lebendigkeit – die sie schon mitbrachte – gelang es ihr schon als Kind, eine angeregte Atmosphäre herzustellen, die das Leben von allen Beteiligten ihrer Ansicht nach verbesserte. Es traf wohl auch zu, denn ihre diesbezügliche Fähigkeiten wurden und werden oft lobend erwähnt. Sie übernahm das Thema aber nicht einfach, sondern sie versuchte, es noch lohnender zu machen. Sie vermisste es als Kind offenbar, dass andere mitmachten, deshalb wollte sie später ein ganzes Team haben, um sich die angeregte Atmosphäre zu erhalten.

Lebensthemen haben ihre Wurzeln in der Vergangenheit, sie zeigen sich in der Persönlichkeit, die man geworden ist, und sie verweisen auf die Zukunft: Gelingt es, das Leben den Lebensthemen entsprechend zu gestalten, dann ist einem eine gute Zukunft sicher. Aber manchmal müssen Lebensthemen auch verändert werden.

Weil Lebensthemen eine Wirkung auf die aktuelle und konkrete Gestaltung des Lebens haben, müssen sie auch im aktuellen Leben verändert werden. Unsere Mitmenschen spielen dabei eine wichtige Rolle, sie haben einen nicht zu unterschätzenden Einfluss bei der Gestaltung unserer Lebensthemen.

Die Kollegin spricht mit dem Team. Sie teilt ihm ihre Wahrnehmung mit: Je lahmer die Teammitglieder sind, umso lebendiger wird sie. Sie fühlt sich überfordert. Sie spricht auch von der Herkunft dieses Lebensthemas in ihrer persönlichen Geschichte. Es folgt ein längeres Teamgespräch mit folgendem Ergebnis:

Die Teammitglieder lieben die Begeisterungsfähigkeit der Chefin. Gelegentlich empfinden sie aber einen „Begeisterungszwang". („Wenn wir nicht so begeistert sind, wie Sie es sich vorstellen, enttäuschen wir Sie …")

„Wir können nicht immer begeistert sein, doch wenn der kleinste Anlass dazu besteht, sind wir es gerne. Aber manchmal sind wir auch enttäuscht – wenn wir nichts Wichtiges herausfinden – und diese Enttäuschung möchten wir auch mitteilen und teilen."

Die Chefin versteht diese Äußerungen und will in der Folge etwas von ihrer Sehnsucht nach Begeisterung opfern.

Im Gespräch mit mir, in dem sie von den Ergebnissen des Teamgesprächs erzählt, überlegt sie: „Muss ich mir die Sehnsucht abschminken, oder muss ich sie verlagern? Sie ist offenbar nicht mehr angemessen." Sie überlegt, ob ein anderes, vielleicht jüngeres Team begeisterungsfähiger wäre. Sie verwirft die Idee. Dieses Team und sie passen sehr gut zusammen. Was begeistert sie denn noch? – Musik begeistert sie. Dahin könnte sie Sehnsucht verlagern, meint sie – und sie fügt nachdenklich an: „Diese Sehnsucht nach Begeisterung und Intensität ist ja eigentlich ein spirituelles Thema, aber ich bin so handfest …"

Natürlich könnte man nun auch fragen, wie sie mit Enttäuschungen umgeht. Aber das ist hier nicht die zentrale Frage. Das Beispiel sollte zeigen, wie in einem Problem ein Lebensthema sichtbar wird, das zu verwirklichen für die betreffende Person sehr wichtig ist. Es zeigt weiter auch, dass an der Verwirklichung unserer Lebensthemen die Mitmenschen einen großen Anteil haben, und dass Lebensthemen immer auch etwas modifiziert werden müssen.

Die Sehnsucht als Wegweiserin[3]

Die Sehnsucht ist – und auch das zeigt dieses Beispiel – ist eine gute Wegweiserin auf dem Weg zu wirklich zentralen Lebensthemen. Die Sehnsucht nach einem gelingenden Leben will das Perfekte, das Heile. Die Sehnsucht ist eine Weise, sich auf die Zukunft zu beziehen, sie transzendiert das Jetzt und Hier in weitem Maße. Mit ihr stellen wir uns etwas vor, was weit in der Zukunft liegt. Die Sehnsucht lebt von der Imagination. In ihr zeigen sich auf der anderen Seite unsere Entwicklungsmöglichkeiten, unsere Potentiale, und auf der anderen Seite, was noch aussteht, was ansteht, was fehlt zu einem Leben, damit es uns ganz und sinnvoll erscheint. Würden wir tatsächlich erreichen, was die Sehnsucht uns herbeisehnen lässt, dann wäre keine Sehnsucht mehr zu spüren. Aber wir können getrost sein, so lange wir leben fehlt immer etwas, steht immer etwas aus, bleibt die Sehnsucht immer bestehen, auch wenn sich das, wonach wir uns sehnen, verändert. Das Leben ist endlich – die Sehnsucht aber will das Unendliche, das Ganze. Es ist ein Suchen und Fragen nach etwas, das ganz erfüllt, sie schlägt eine Brücke vom noch nicht ganz erfüllten Jetzt und Hier zu einem als erfüllt gedachten „Später". In ihr zeigt sich, was wir anstreben: Sehnsucht nach etwas ganz Großem, nach dem ganz Anderen, nach Sinnerfahrung, Liebe, Freiheit, Geborgenheit, Intensität, nach Verbundenheit im weitesten Sinne – um nur einige wenige Sehnsüchte zu benennen. Immer neue Lebensbereiche können in der Sehnsucht belebt werden: Es gibt immer ein noch ausstehendes Selbst, neue Aspekte unseres Selbst, die sich in neuen Sehnsüchten und neuen Interessen zeigen, die diese Sehn-

---

[3] Kast Verena (2001) Aufbrechen und Vertrauen finden. Die kreative Kraft der Hoffnung. Freiburg im Breisgau, S. 68 ff.

süchte zumindest teilweise realisieren lassen.[4] Die Sehnsüchte binden sich an konkrete Vorstellungen: Konkrete Wünsche, Strebungen, die letztlich auf eine Grundsehnsucht verweisen, werden erlebbar und müssen verwirklicht werden. In diesen von der Sehnsucht gespeisten Wünschen kommen uns in unserem Begehren unsere Entwicklungsmöglichkeiten entgegen, die wir als Lebensthemen in der äußeren Welt realisieren und die durch dieses Realisieren auch unsere Innenwelt verändern.

Die Sehnsucht gibt den Lebensthemen die imaginative Gestalt. Das Interesse, das leidenschaftliche Interesse gibt Schub und bewirkt, dass die Lebensthemen im Laufe der Zeit konkret verwirklicht werden. Die Hoffnung und die Begeisterung bewirken, dass eine Ausrichtung der Lebensthemen auf das Bessere hin bleibt, trotz Widerständen und Angst.

Ein Mann, Mitte 40, ich nenne ihn hier Leonardo, leitet den von ihm gegründeten Handwerksbetriebs mit einer speziellen Dienstleistung, die sehr gut ankommt. Seine Kinder sind erwachsen und daran, die Familie zu verlassen. Seine Frau hat das Studium, das sie vor mehr als 20 Jahren abgebrochen hat, wieder aufgenommen. Leonardo behauptet in einem Austausch über Sehnsüchte, keine zu haben. Und dann entwickelt er doch Vorstellungen von einem Leben, das ihm „ganz und gar passen" würde. Eines Tages – bald – möchte er in die weite Welt zu ziehen. Zunächst an einen Ort, wo ihn niemand kennt, an einen schönen Ort, in den Bergen – vielleicht in Neuseeland. Da möchte er nachdenken, viel nachdenken. Etwa einen Monat. Dann, so stellt er sich vor, sei er ein „anderer Mensch", wieder voll Ideen wie früher, aber nun verbunden mit mehr Reife.

---

[4] Kast Verena (2001) Vom Interesse und dem Sinn der Langeweile. Düsseldorf

Und dann will er nach Afghanistan gehen, um seine handwerkliche Spezialität den Menschen dort zu vermitteln. Er stellt sich vor, dass er dabei mit anderen Menschen zusammenarbeitet und viele wunderbare Gespräche mit Menschen führt, die sich ebenfalls Gedanken machen über den Sinn des Lebens. Er stellt sich aber auch vor, Kinder, die ihre Eltern verloren haben, in seinen Beruf einzuführen, ihnen auch ein wenig Vater zu sein – und die wären dann „unendlich" dankbar. Und wenn die einen erwachsen und selbständig würden, kämen neue nach. Es wären immer wieder Kinder in einem spannenden Alter da. Sie würden im Gegenzug ihm ihre Kultur verständlich machen. Und all das stellt er sich sehr anregend vor, auch aufregend. Und dann, so meint er, könnte er ein Buch schreiben, in dem er seine Erfahrungen niederschreibt. An dieser Stelle lacht er schallend und sagt herzlich: „Ausgerechnet ich! Stell dir das einmal vor! Also: ich ließe dann das Buch schreiben. Aber eigentlich wäre es schon schön, am Abend immer ein paar Seiten zu schreiben oder zu diktieren ..." Die Sehnsucht kann man hören, wenn er davon spricht, wie er in der Abendsonne vor dem Zelt sitzt, umgeben von fremden Gerüchen und einem Lärm, der ihn nichts angeht, und „hoch Befriedigendes" aufschreibt.

Er wundert sich über die Fantasie der Sehnsucht, die er damit doch zugelassen hat. Er versteht gut, dass er Lust hat auf Einsamkeit: Sein Leben ist ihm im Moment zu lebendig. Und: „Ich habe als junger Mann viel Zeit damit verbracht, über Gott und die Welt, wie man halt so sagt, nachzudenken. Das fehlt mir, das möchte ich wirklich gerne wieder tun. Ich möchte ein innovativer Mensch sein, aber auch ein nachdenklicher Mensch. Das stelle ich mir vor, das gehört zu einem guten Leben, das gehört zu mir, und das ist in den letzten Jahren zu kurz gekommen." Und: „Ich habe in letzter Zeit immer einmal gedacht, man sollte, wenn man älter ist, und genug Geld hat für das Alter, seine Fertigkeiten irgendwie weitergeben." An Afghanistan hatte er bisher nicht gedacht. „Dieses Weitergeben – natürlich an Menschen, die dafür auch dankbar sind, das ist mir ganz wichtig, und das mache ich im Moment zu wenig. Ich möchte es weitergeben – als Geschenk. Und damit könnte ich andere Menschen erfreuen." Er lacht darüber, dass ihm wichtig ist dass immer neue Jugendliche oder Kinder kommen, die lernen wollen und sieht den Zusammenhang mit seinen eigenen Kindern, die jetzt flügge werden. In seinem Leben kommen keine Kinder mehr nach. Aber nicht nur dieses Weitergeben wäre ihm wichtig, sondern auch die guten Gespräche, von denen er sich einen Sinn im Leben erhofft; Anregung durch das Kennenlernen einer neuen Kultur – und auch diese Anregungen und Erfahrungen müssten dann wieder weitergegeben werden – in Form eines Buches. Diese Fantasie überraschte ihn zunächst – dann aber fand er, er möchte unendlich gern weitergeben, was immer er erlebt habe, und da wäre doch ein Buch auch etwas Wichtiges. Und er gesteht sich ein, dass ein Buch geschrieben zu haben, für ihn die Krönung seines Lebens wäre. „Ich sehne mich nach etwas ganz Anderem, und nach etwas, das mir total sinnvoll erscheint."

Diese Sehnsucht, die eine Sehnsucht nach dem ist, was in seinem Leben noch aussteht, damit es zu einem guten Leben wird, zeigt das Bedürfnis nach mehr Stille, nach mehr Muße, um mit sich wieder in Kontakt zu kommen. Sie legt aber auch das Lebensthema der Generativität frei, das Bedürfnis, an neue Generationen etwas weiterzugeben. Ihm war nicht bewusst, dass dieses Thema ihm so wichtig ist. Noch kann er dies alles nicht machen – doch er kann sich etwas mehr Freiraum geben, um nachzudenken. Aber die Fantasie lässt ihn nicht mehr los. Immer wieder stellt er sich vor, was er in Afghanistan aufbauen könnte. Er trifft sich mit Menschen, die in Hilfswerken arbeiten, damit seine Fantasien konkreter werden. Er stellt sich aber immer wieder auch vor, wie er im Abendlicht vor seinem Zelt sitzt und schreibt, was an diesem „Weitergeben" so wichtig ist, und was er selbst davon hat. Dann auch wieder, wie er in Europa eine Lesereise macht mit seinem Buch und Geld sammelt für sein Projekt, gelegentlich auch, wie berühmt er damit wird. Dieser Gedanke behagt ihm weniger. Aber sein Interesse ist geweckt. Seine Sehnsucht wird sich in wohl etwas veränderter Gestalt verwirklichen lassen.

Verborgene Lebensthemen
in komplexhaften Erfahrungen

„Spricht mich jemand von oben herab an, sehe ich rot" – eine Komplexreaktion

Klaus, 40 Jahre alt, sagt: „Auch wenn ich mir alle Mühe gebe, alle Tricks anwende: spricht mich jemand von oben herab an, sehe ich rot, werde ich unflätig, muss weggehen, um nicht gewalttätig zu werden. Das ist besonders lästig im Umgang mit Amtspersonen, die mich alle von oben herab behandeln."

Komplexhaft ist bei dieser Erfahrung, dass diese Reaktion immer wieder auftritt, die Wut unverhältnismäßig und nicht unter Kontrolle zu bringen ist. Sie packt ihn dann, wenn ihn jemand „von oben herab anspricht", wenn er also jemanden als machtbewusst oder mächtig wahrnimmt, und diesem Menschen zuschreibt, ihn absichtlich in die Ohnmacht stoßen zu wollen. Ob das jeweils auch der Realität entspricht, oder eher seiner verzerrten Wahrnehmung, sei dahin gestellt. Wo ein Komplexgebiet berührt wird, wird unsere Wahrnehmung im Sinne des Komplexes eingeengt. Und ähnliche Erfahrungen werden rasch im Sinne des Komplexes gedeutet. Hier greift das Schema: „Es war schon immer so, und es wird auch immer so sein."

Es ist allerdings kaum anzunehmen, dass in der Realität tatsächlich alle Amtspersonen Klaus von oben herab behandeln. Wer aber unter einem Autoritätskomplex leidet, und um einen solchen handelt es sich hier im weitesten Sinn, wird selbstbewusste Menschen als Autoritäten wahrnehmen. Komplexhaft ist weiter, dass die mit dieser Erfahrung verbundene Emotion „unverhältnismäßig" ist, der jeweiligen Beziehungs- oder Kommunikationssituation nicht angemessen. Es ist eine Überreaktion. Hier zeigt sich ein Lebensproblem – aber auch ein verborgenes Lebensthema? In dem von Komplexen gesteuerten Verhalten finden wir zunächst eher ein Lebensproblem als ein Lebensthema. Aber in den Komplexen, so die Idee von C. G. Jung, der die Komplextheorie entwickelt hat, steckt ein Lebensthema, das auch ein Entwicklungsthema ist, und das zu verwirklichen das Leben bereichert.

Komplexe – Energiezentren des psychischen Lebens[5]

Komplexe sind internalisierte, generalisierte konflikthafte Beziehungserfahrungen. Sie sind emotional betont und mit einem bestimmten Beziehungsthema verbunden. Sie sind mehr oder weniger verdrängt. Wird die Emotion oder das Thema im Alltag berührt, konstelliert sich der Komplex: Es kommt entweder zu einer emotionalen Überreaktion oder zu gar keiner Reaktion. Die Wahrnehmung der Welt geschieht im Sinne des Komplexes. („Alle behandeln mich von oben herab …") Das Verhalten ist unfrei, durch den Komplex bestimmt und gesteuert, es unterliegt einem Wiederholungszwang.

Jedes affektgeladene Ereignis wird zu einem Komplex. Werden die Themen oder die Emotionen, die mit dem Komplex verbunden sind, angesprochen, dann wird das Gesamte der unbewussten Verknüpfungen aktiviert – in der Jungschen Psychologie wird dafür der Ausdruck „konstelliert" verwendet – samt der dazugehö-

---

[5] Zur Entdeckung des Konzepts der Komplexe: Siehe Anhang.

renden Emotion aus der ganzen Lebensgeschichte und den daraus resultierenden, stereotyp ablaufenden Abwehrstrategien. Je größer die Emotion und das dazugehörige Bedeutungsassoziationsfeld sind, desto „stärker" ist der Komplex, desto mehr werden andere psychische Anteile, insbesondere der Ichkomplex, in den Hintergrund gedrängt. Man kann die Emotionen in dieser Situation nicht mehr kontrollieren, man kann nicht ruhig über eine Situation nachdenken, sondern reagiert nur noch.

Die Komplexe bezeichnen die krisenanfälligen Stellen im Individuum. Sie bewirken einerseits eine Hemmung des Lebens. Dadurch, dass der Mensch nicht der aktuellen Situation angemessen agiert, sondern emotional in stereotyper Weise überreagiert, ist er unfrei in seinem Erleben und Verhalten. In diesen Reaktionen zeigt sich ein gewisser lebensgeschichtlicher Überhang. Durch die Abwehr der damit verbundenen Emotion entstehen stereotype Verhaltens- und Erlebensweisen. In den Komplexen liegen aber auch „Keime neuer Lebensmöglichkeiten".[6] Es sind Energiezentren, aus denen die Aktivität des psychischen Lebens kommt.

Alle Menschen haben Komplexe – Jung meint allerdings, dass es eher umgekehrt ist, und die Komplexe uns haben[7]. In dieser Formulierung wird deutlich, dass die Willensfreiheit dort aufhört, wo das Komplexgebiet beginnt. Oder anders gesagt: Je mehr Emotionen in unseren Komplexen gebunden sind, umso geringer ist unsere Willensfreiheit, wenn diese Komplexe anspringen.[8] Komplexe enthalten eine Tendenz zur Generalisierung: Komplexerfahrungen werden verallgemeinert. *„Immer* schauen *alle* Menschen" auf Klaus herab. Dennoch: Komplexe zu haben ist eine „normale

---

[6] Jung Carl Gustav, Allgemeines zur Komplextheorie, in GW 8, § 210
[7] Jung Carl Gustav, GW 8, § 210
[8] Jung Carl Gustav, GW 8, § 200

Lebenserscheinung"⁹, sie sind die „lebendigen Einheiten der unbewussten Psyche"¹⁰.

Das heißt: Komplexe sind in der Sicht von C. G. Jung Ausdruck von Lebensproblemen, in denen zentrale Lebensthemen deutlich werden. Sie sind Ausdruck von Entwicklungsproblemen, von Hemmungsthemen, die auch Entwicklungsthemen sind.

Die Bedeutung von Symbolen

Ein weiterer wesentlicher Punkt, den Jung in seiner Theorie anspricht, ist die Verbindung der Komplexe mit Träumen: „... sie (die Komplexe) sind die handelnden Personen unserer Träume ..."¹¹ und:

„Die Traumpsychologie zeigt mit aller nur wünschenswerter Deutlichkeit, wie die Komplexe personifiziert auftreten, wenn kein hemmendes Bewusstsein sie unterdrückt."¹² Damit ist auch die Verbindung zwischen Komplex und Symbol angesprochen, eine Verbindung, die Jung schon früh sehr wichtig war, z. B. 1916 im Aufsatz: Die transzendente Funktion¹³, in dem er die gefühlsbetonten Inhalte (Komplexe) als Ausgangspunkt für Fantasien, also für Symbolbildungen, bezeichnet. „In der Intensität der affektiven Störung liegt ... die Energie, welche der Leidende disponibel haben sollte, um den Zustand der verminderten Anpassung zu beheben.¹⁴ Jede Störung, jedes Problem, enthält also auch eine

---

[9] Jung Carl Gustav, GW 8, § 211
[10] Jung Carl Gustav, GW 8, § 210
[11] Jung Carl Gustav, GW 8, § 202
[12] Jung Carl Gustav, GW 8, § 203
[13] Jung Carl Gustav, Die transzendente Funktion. In: Die Dynamik des Unbewussten, GW 8 (§ 131-193)
[14] Jung Carl Gustav, Die transzendente Funktion, GW 8, § 166

bestimmte Energie, die zum Einsatz kommen kann. Jung sieht die Psyche schon 1916 als ein sich selbst regulierendes System, ein System, dessen Ziel jeweils ein dynamisches Gleichgewicht ist.

Noch viel deutlicher ist der Zusammenhang von Komplex und Fantasie 1929 ausgedrückt in: „Die Probleme der modernen Psychotherapie"[15]:

„Der Komplex bildet sozusagen eine kleine eingeschlossene Psyche, die ... eine eigentümliche Fantasietätigkeit entwickelt. Fantasie ist ja überhaupt die Selbsttätigkeit der Seele, die überall da durchbricht, wo die Hemmung durch das Bewusstsein nachlässt oder überhaupt aufhört wie im Schlaf. Im Schlaf erscheint die Fantasie als Traum. Aber auch im Wachen träumen wir unter der Bewusstseinsschwelle weiter und dies ganz besonders vermöge verdrängter oder sonstwie unbewusster Komplexe."[16] (§ 125)

Mit „sonstwie unbewusster Komplexe" meint Jung Inhalte, die sich aus dem Unbewussten konstellieren, die also zunächst noch gar nicht bewusst waren.

Die Keime neuer Lebensmöglichkeiten, die in den Komplexen offenbar werden, diese schöpferischen Keime, zeigen sich dann, wenn die Komplexe nicht verdrängt werden, wenn man sich auf die Stimmung, das Gefühl oder den Affekt konzentriert und dabei die Fantasien, die auftauchen, wahrnimmt und sie ausgestaltet. Sie zeigen sich also letztlich in den Symbolen. Symbole sind sowohl Ausdruck der Komplexe als auch Verarbeitungsstätte der Komplexe. In den Symbolen werden zum einen die Komplexe sichtbar, zum andern fantasieren sich die Komplexe in den Symbolen sozusagen aus.

---

[15] Jung Carl Gustav, Die Probleme der modernen Psychotherapie. In: Praxis der Psychotherapie, GW 16, § 125
[16] Jung Carl Gustav, GW 16, § 125

Der Hinweis darauf, dass in der affektiven Störung die Energie liege, die der Leidende braucht, ist bedeutsam für die verschiedenen Techniken, wie Imagination, Malen, darstellendes Spiel, Sandspiel, und andere Techniken, die in der Jungschen Therapie angewandt werden, um Komplexe bewusster zu machen und damit eine Wandlung zu ermöglichen. Ich will hier aber eine andere Möglichkeit des Umgehens mit Komplexen ins Bewusstsein heben: das Suchen der in ihnen verborgenen Lebensthemen. Um sie auffinden zu können, müssen wir uns zunächst mit dem Entstehen von Komplexen beschäftigen.

Wie entstehen Komplexe?

In einem Vortrag von 1928 spricht Jung über die Entstehung von Komplexen.

Er sagt dort: „Der Komplex geht offenbar hervor aus dem Zusammenstoß einer Anpassungsforderung mit der besonderen und hinsichtlich der Forderung ungeeigneten Beschaffenheit des Individuums."[17] Mit dieser Definition wird der Beziehungsaspekt bei der Entstehung des Komplexes ins Zentrum gerückt.

Anschließend an diese abstrakte Definition spricht Jung dann über den Elternkomplex als erster Manifestation des Zusammenstoßes zwischen „der Wirklichkeit und der in dieser Hinsicht ungeeigneten Beschaffenheit des Individuums"[18]. Die Anpassungsforderung geht wohl in der Regel immer von Menschen aus, das heißt also, dass in unseren Komplexen strukturell und emotionell die Beziehungsgeschichten sowohl unserer Kindheit als auch unseres späteren Lebens abgebildet sind. Komplexe können entstehen, solange der Mensch lebt. Die meisten Komplexe, auch die,

---

[17] Jung Carl Gustav, Psychologische Typen, GW 6, § 991
[18] Jung Carl Gustav, GW 6, § 992

die später entwickelt werden, verbinden sich allerdings mit früheren Komplexen. Zwei Pole, die in Menschen repräsentiert sind, stoßen zusammen. Es stehen sich also zwei Menschen gegenüber: ein Kind und eine Beziehungsperson. Ich nenne das die beiden Pole des Komplexes: Der Kindpol und der Erwachsenenpol (meistens der Vaterpol, der Mutterpol oder der Geschwisterpol). Weil der Komplex sich aus einem Zusammenstoß mit einer Beziehungsperson formt, kann er sich auch leicht aufspalten: Ist eine Komplexepisode etwa in der analytischen Situation konstelliert, so kann es geschehen, dass sich der Analytiker plötzlich wie die Beziehungsperson der Komplexepisode benimmt, also eine Beziehungsperson der Kindheit darstellt, und der Analysand oder die Analysandin das dazu gehörende Kind. Natürlich ist die Situation dann komplexhaft, möglicherweise sind auch Komplexe des Analytikers oder der Analytikerin angesprochen. Die Beziehungsgeschichte wiederholt sich, ohne dass zunächst eine Veränderung möglich ist. Es erfolgt eine kollusive Aufspaltung des Komplexes.[19]

Komplexepisoden

Das Konzept der Komplexe hat eine große Ähnlichkeit mit dem Konzept der „generalisierten Interaktionsrepräsentationen", den sogenannten RIGs (Representations of Interactions that have been Generalized)[20] das Daniel Stern entwickelt hat. Stern geht

---

[19] Kast Verena (1998) Komplextheorie gestern und heute. Empirische Forschung in der Jungschen Psychologie. In: Anal Psychol 1998, 29:296-316
Kast Verena (1990) Die Dynamik der Symbole. Grundlage der Jungschen Psychotherapie. Olten und München 42002
[20] Stern Daniel N. (1992) Die Lebenserfahrung des Säuglings. Stuttgart, S. 143 ff.

dabei vom „Episodengedächtnis" aus, das Tulving[21] als Erinnerung an reale Erlebnisse und Erfahrungen beschrieben hat. Diese erinnerten Episoden können ganz banale Alltagsereignisse betreffen, etwa das Frühstücken, oder aber auch wichtige emotionale Ereignisse, etwa unsere Reaktion auf die Nachricht von der Geburt eines Kindes usw. Im Episodengedächtnis sind Handlungen, Emotionen, Wahrnehmungen usw. als an sich unteilbare Einheit erinnert, wobei man natürlich auf die einzelnen Aspekte, etwa die Emotion, fokussieren kann. Treten nun vergleichbare Episoden immer wieder auf – zum Beispiel bei einem Säugling Brust, Milch, Geruch, Sättigung, Zufriedenheit – so werden diese Episoden generalisiert, das heißt, das Kind erwartet, dass sich auch in Zukunft diese Episode in dieser Art einstellen wird. Diese generalisierte Episode ist nicht mehr eine spezifische Erinnerung, sondern „sie enthält vielfältige spezifische Erinnerungen ... Sie stellt eine Struktur des wahrscheinlichen Ereignisverlaufs dar, die auf durchschnittlichen Erwartungen beruht."[22] Dadurch werden natürlich auch Erwartungen geweckt, die enttäuscht werden können. Diese RIGs entstehen nach Stern aus allen Interaktionen, sie sind für ihn Grundeinheiten der Repräsentation des Kern-Selbst und vermitteln dem Säugling das Gefühl, ein zusammenhängendes Kern-Selbst zu haben, die Grundlage des Identitätserlebens.

Zwischen diesem Konzept der RIGs und dem Konzept der Komplexe kann ein Zusammenhang hergestellt werden, umso mehr, wenn wir berücksichtigen, dass nach Jung drei Komponenten Sinnesempfindung, intellektuelle Komponente und Gefühlston im Bewusstsein als Einheit erlebt werden.[23]

---

[21] Tulving Endel (1972) Episodic and Semantic Memory. In: E. Tulving and W. Donaldson (Hrsg.) Organization of Memory. New York.
[22] Stern Daniel N., S. 142
[23] Jung Carl Gustav, GW 3, § 79-80

Die Theorie des Episodengedächtnisses ist eine Erklärungsmöglichkeit, wie Komplexe überhaupt als Repräsentationen im Gedächtnis gespeichert werden. Es ist damit auch erklärt, dass die Komplexe in bestimmten Situationen, die diesen prägenden Episoden gleichen, konstelliert und reaktiviert werden, dass sie aber auch über Empfindungen, die mit diesen Episoden zusammenhängen, oder mit Emotionen, die an die prägenden Episoden erinnern, hervorgerufen werden können.

Bezieht man nun die RIGs auf das Konzept der Komplexe, so geht es in Komplexen nicht um alle möglichen RIGs, sondern nur um jene, in denen schwierige Situationen generalisiert worden sind. Dieses Konzept trägt der Erfahrung Rechnung, dass die Erwartungen, die aus den komplexhaften Erinnerungen stammen, selten mit einer einzigen erinnerten Episode übereinstimmen. Komplexe entstehen nur selten aus einer einzigen traumatischen Situation, sie stellen wirklich so etwas wie eine generalisierte Erwartung dar, die zeigt, dass komplexhaftes Erleben und Verhalten daraus resultiert, dass sich immer wieder ähnliche Interaktionen zwischen den Beziehungspersonen und dem Kind ereignen. Auch wenn es wichtig und möglich ist, Komplexepisoden zu erinnern – etwa das Bild eines streng blickenden Vaters, der übergroß über einem verschwindend kleinen Jungen thront, der am liebsten in den Boden versinken möchte und mit zugeschnürter Kehle aus Angst keinen Ton herausbringt –, ist es nicht gesagt, dass diese Episode als solche tatsächlich erlebt worden ist. Sie bleibt aber aussagekräftig als Bild des Komplexes, als Bild einer generalisierten Episode – verbunden mit einer als bedeutsam erlebten damit zusammenhängenden Emotion. Dieser Aspekt ist besonders wichtig, weil gelegentlich ganz eindimensional aus den Bildern der Komplexe auf das konkrete Wesen, Verhalten und die Präsenz der konkreten Eltern zurückgeschlossen wird, das Fantasiebild also mit dem Realbild der Person gleichgesetzt wird.

Natürlich haben diese Episoden etwas mit der realen Präsenz der Eltern, die sich in der Interaktion ausdrückt, zu tun, sie sind aber nicht einfach deckungsgleich zu behandeln.[24]

Eine weitere Verbindung der beiden Konzepte besteht darin, dass die Komplexe ein Leben lang entstehen können, dass sie aber auch in jeder Lebensphase bearbeitet werden können.[25] Im Zusammenhang damit steht auch eine therapeutische Überlegung, die wiederum auf Gemeinsamkeiten in diesen Konzepten hinweist. Arbeiten wir an komplexhaften Lebensthemen, dann ist es nicht notwendig, auf die prägende Situation zurückzugreifen. Es genügt, wenn eine Episode, die auf den Komplex hinweist, erlebt wird. Möglicherweise wird zum Beispiel durch einen konstellierten Komplex, etwa durch eine durch den Komplex geprägte Beziehungssituation in der Therapie, eine frühere Situation in der Kindheit erinnert, die sich „gleich" anfühlt. Damit kann gearbeitet werden. Es ist nicht notwendig, nach der frühesten Situation zu suchen, denn jede Komplexsituation zeigt die generalisierte Episode mit den damit verbundenen Wahrnehmungen und Empfindungen und vor allem mit den damit verbundenen Affekten in sich. Für Stern ist in diesem Zusammenhang wichtig, den „narrativen Ausgangspunkt" zu finden, die Schlüsselmetapher.[26] Er empfindet die Suche nach einer „Urfassung", die der Theorie entsprechend letztlich unverstellt sein sollte, als einen Prozess ohne Ende, der wenig Erfolgschancen hat: Denn ein Hauptproblem besteht bei diesem Versuch ja wohl darin, die Übertragungen von präverbalen Episoden in verbale zu vollziehen.[27]

---

[24] Siehe Kast Verena (1994) Vater – Töchter, Mutter – Söhne: Wege zur eigenen Identität aus Vater- und Mutterkomplexen. Stuttgart
[25] Stern Daniel N., S. 380
[26] Stern Daniel N., S. 364
[27] Stern Daniel N., S. 363

Genau dasselbe gilt für die Urfassung der Komplexprägung. Wir wissen letztlich nicht, wann genau die Komplexprägungen erfolgt sind, und einige sind bestimmt schon zu einer Zeit geschehen, als das Kind das noch nicht in Worte fassen konnte. Die „Urfassung" ist nicht zu finden. Doch diese ist auch nicht notwendig, es braucht nur eine Komplexsituation, die lebhaft erinnert und erzählt werden kann.

Diese Erkenntnisse haben Auswirkungen für das Arbeiten an Komplexkonstellationen. Von der Komplextheorie her ist es wichtig, die Symbole, besonders auch die symbolischen Interaktionen zu verstehen: Symbole bilden die Komplexe ab. Das heißt, man versucht, sich den Komplex als Episode vorzustellen, sinnenhaft, mit allen Kanälen der Wahrnehmung und mit der damit verbundenen Emotion. Der Komplex stellt sich in Situationen, die wir als Schlüsselsituationen für das Verständnis unseres Lebens und unserer Persönlichkeit erleben, in typischen Beziehungskonfliktepisoden, die sich im Alltag oder in der therapeutischen Situation zeigen können, aber auch in Träumen und Imaginationen. Insbesondere die beiden Pole des Komplexes können gesehen werden. Einer der Pole, nämlich der Erwachsenenpol, ist dabei meistens projiziert. Dadurch, dass diese Schlüsselsituationen als Episode möglichst lebendig erzählt werden, lassen sich zum einen auf das Erleben des Kindes Rückschlüsse ziehen. Dies hilft, sich in die Situation des Kindes zurückzuversetzen und die Schwierigkeiten und Leiden der Prägesituation zu verstehen. Zum anderen lassen sich auch Rückschlüsse auf das Erleben und Verhalten der Beziehungsperson in der Prägesituation ziehen, mit der man sich als Erwachsener zumindest in Situationen, in denen der Komplex konstelliert ist, ebenfalls identifiziert[28] und deren Part man als

---

[28] Verena Kast (1990) Die Dynamik der Symbole. Olten S. 196ff.

Erwachsener natürlich auch spielt. Sich dieser Identifikation bewusst zu werden, und dafür Verantwortung zu übernehmen, ist außerordentlich schwierig, aber eine notwendige Voraussetzung, damit sich komplexhaftes Verhalten und damit auch die Komplexe verändern können. Aus diesen Schlüsselepisoden lassen sich ebenfalls Rückschlüsse auf die Interaktionsform im Komplexbereich ziehen, samt den damit verbundenen ambivalenten Gefühlen. Gelingt es, in symbolischen Abbildungen die komplexsetzenden Zusammenstöße zu sehen und zu erleben, werden immer mehr Episoden erinnert, die zur Bildung eines Komplexes und zur Übertragung des komplexhaften Verhaltens auf andere Menschen als die ursprünglichen Beziehungspersonen geführt haben. Das Thema der Assoziation spielt also auch in den neueren Forschungen und Erkenntnissen immer eine Rolle. Diese Assoziationen und Übertragungen beziehen sich aber, als zu Beginn der Forschungen von Jung, auf den Bereich von Narrationen, von Erzählungen, von Imaginationen. Schlüsselsituationen werden in einer möglichst lebendigen Erzählung mit einem anderen Menschen geteilt. Erzählen und Zuhören bilden eine Einheit, und je besser zugehört wird, umso besser kann auch erzählt werden. Beim Erzählen sind wir in einer Vorstellungswelt, in der Welt der Imagination, der Fantasien. Es ist ein psychischer Bereich, in dem Außenwelt und Innenwelt zusammenkommen. Wir befinden uns in einem Übergangsraum, den man zudem noch miteinander teilt. In diesem Raum kann es sich ereignen, dass Bilder in Worte gefasst werden und auch verändert werden können.

Die Assoziation ermöglicht oft den Zugang zu einem Komplexthema, die Erzählungen zum Komplex als eine schwierige oder traumatisierende Beziehungsepisode ermöglicht die Arbeit am Komplex. Es genügt nicht, nur Informationen über schwierige Beziehungserfahrungen zu bekommen, wir brauchen erzählte Geschichten. Die Menschen müssen sich dabei imaginativ zurückversetzen in die Erfahrungen, die sie gemacht haben, und sie möglichst emotional erzählen, und zwar jetzt als Erwachsene. Dann entsteht eine Erfahrung, mit der man arbeiten kann, dann entstehen Bilder, die sich verändern können, insbesondere auch deshalb, weil die Menschen als Erwachsene diese Beziehungserfahrungen beschreiben, und auch, weil man ihnen auch hilft, diese Erfahrungen zu reflektieren, und es ihnen ermöglicht, einen Standpunkt von außen einzunehmen. Erzählen wir nur immer unsere Leiden, ohne dass eine Veränderung möglich ist, dann werden diese Komplexerfahrungen noch mehr verfestigt, vielleicht sogar neuronal festgeschrieben.

Bei Klaus konstelliert sich ein Komplex, wenn ihn jemand von oben herab behandelt. Dieser Komplex hemmt ihn im Alltag, er kann sich nicht wirkungsvoll mit anderen Menschen auseinander setzen. Ein Entwicklungsthema kann er nicht erkennen, nur, dass er diesen Komplex außer Kraft setzen müsste. Doch das gelingt ihm gerade nicht.

Komplexhaftes Erleben und Verhalten im Alltag

Klaus erzählt: „Ich wollte einen neuen Computer kaufen, ich will das immer noch. Ich kenne mich ziemlich gut aus, ich habe mich auch informiert, und ich fand einen Computer, der auf meine Bedürfnisse zugeschnitten ist. Eine Information brauchte ich noch – zur Sicherheit. Ich suchte einen Verkäufer und fand endlich einen, der jedoch lange mit einer Kundin über etwas Privates sprach und mich nicht zur Kenntnis nahm. So etwas ärgert mich immer, ich war also schon ziemlich ärgerlich, konnte aber meinen Ärger im Zaum halten. Als er sich endlich mir zuwandte und ich meine Frage anbrachte, sagte er: ‚Beim Kauf eines Computers muss man bei den Überlegungen an einem ganz anderen Ort ansetzen.' Und er begann mit ganz grundlegenden Überlegungen, die ich schon längst gemacht hatte. Ich sagte ihm, das hätte ich mir alles schon überlegt. Darauf er: ‚Das sagen alle, und nachher reklamieren sie.' Ich wurde stinkwütend, sagte zu ihm: ‚Sie sind der unfähigste Verkäufer, den ich je getroffen habe.' Dann drehte ich mich um und ging. Ich finde meine Reaktion nur ein wenig übertrieben. Reagieren musste man da. Aber die Sache geht mir nicht aus dem Kopf. Seit Wochen denke ich an diesen Zusammenstoß. Ich ertappe mich dabei, wie ich in der Vorstellung diesen Verkäufer zusammenschlage – dabei bin ich für Gewaltfreiheit. Dann wiederum ärgere ich mich über mich selbst. Warum war ich nicht auch arrogant und habe den Computer gekauft. Ich habe immer noch keinen neuen Computer. Ich bin wie blockiert, stelle mir vor, dass jeder Verkäufer genau gleich arrogant ist. Diese Episode geht mir nicht aus dem Kopf, sie besetzt mich richtig, stört mich bei der Arbeit. Irgendwie fühle ich mich auch sonst schlechter als normalerweise."

Klaus findet seine Reaktion in der konkreten Situation gar nicht so unangemessen. Störend für ihn ist, dass er seine Kränkung nicht vergessen kann, dass ihm die Situation immer wieder einfällt, und er sich erneut ärgert.

Dies ist typisch für eine Erfahrung, die einen zentralen Komplex berührt: Entweder geht sie einem nicht aus dem Sinn, oder aber man verliert die Erinnerung an diese Erfahrung total, man vergisst sie also. Wenn wir uns ärgern, fühlen wir uns in unserer Selbsterhaltung oder in unserer Selbstentfaltung beeinträchtigt.[29] Das ist für uns nicht in Ordnung und der Ärger sagt uns, dass wir uns mit dieser Situation auseinander setzen müssen. Klaus wurde in seinem Selbstwertgefühl getroffen, und seine Reaktion hin-

---

[29] Kast Verena (1998) Vom Sinn des Ärgers. Anreiz zu Selbstbehauptung und Selbstentfaltung. Stuttgart

derte ihn daran, sich den neuen Computer zu kaufen. Aber wo soll er jetzt etwas in Ordnung bringen? Den Verkäufer wird er kaum dazu bringen, ihn besser zu behandeln. Der Ärger ist dysfunktional geworden. Klaus ärgert sich über sich selbst, dass er den Ärger nicht vergessen kann. Der Ärger ist zum Selbstläufer geworden und hat seinen Sinn im psychischen System verloren. Dies ist komplexhaft.

Gibt es eine Komplexepisode, die diese Komplexkonstellation erklärt, und die es auch erlaubt, an diesem Komplex zu arbeiten?

Klaus: „Als Kind erlebt man doch alle Erwachsenen und zum Teil auch die Geschwister von oben herab, einfach, weil sie soviel größer sind." Klaus erinnert sich, dass er eine Tante besonders gern mochte, weil sie sich jeweils auf seine Höhe begab, wenn sie miteinander sprachen: entweder stellte sie ihn auf einen Tisch, oder sie ging in die Hocke. Diese Erinnerung lässt eine gewisse Sensibilität dem Thema gegenüber vermuten. Wir suchen weiter nach einer Schlüsselsituation für diesen Komplex.

Er erinnert sich an eine Erfahrung in der Kirche, die höchst unangenehm und wohl prägend war. „Wir waren in der Kirche. Ich war etwa zehn Jahre alt. Wir haben dem Pfarrer nicht zugehört, sondern einander gezwickt. Dabei galt eine Regel: Man durfte nicht zu erkennen geben, dass man gezwickt worden war, und auf gar keinen Fall natürlich schreien oder so etwas. Wer diese Regel nicht einhielt, wurde vom Spiel ausgeschlossen. Wir fanden dieses Spiel sehr schön und waren stolz darauf, uns unter den Augen des Pfarrers unentdeckt zu vergnügen. Irgendwie gab das aber doch eine beachtliche Unruhe. Nach dem Gottesdienst baute sich der Pfarrer vor uns auf und tadelte uns. Ich weiß nicht mehr, was er gesagt hat. Aber ich habe noch in Erinnerung, wie er mit einem arroganten Gesicht zu mir sagte: ‚Von dir habe ich nichts anderes erwartet, schon deine Geschwister haben sich immer schlecht benommen.' Ich war sehr wütend und traurig, aber ich wusste nicht, was ich hätte tun können. Die anderen waren wohl froh, dass sich das Gewitter auf mich konzentrierte. Als ich meinem Bruder davon erzählte, sagte der in einer Mischung von Wut und Trauer: ‚Auf uns hat man es immer abgesehen, wir sind arm und haben zu viele Kinder und der Vater säuft.'"

Und dann fielen Klaus viele weitere Komplexepisoden ein, die in dieselbe Richtung gingen: Es ging dabei um unverdiente Kränkungen, oft im Zusammenhang mit der Familie, die in ihm eine sprachlose Verzweiflung und Wut zurück ließen. Auf jeden Fall fand er keine Reaktion, die ihm ein gutes Gefühl gab und die der Situation angemessen war.

Klaus ist unterdessen selber eine Autorität – aber das entgeht ihm völlig. „Es genügt, wenn jemand, ob Mann oder Frau, den Kopf in einer gewissen Neigung schief hält, und ich fühle mich wieder klein und hässlich, ungerecht behandelt, verachtet und voll Wut". Er blickt zurück: „Mir war von klein auf klar: Ich muss mich hinaufarbeiten." Das hat er auch getan; er arbeitet sehr erfolgreich in seinem Beruf. „Ich muss mich hinaufarbeiten", das war das Lebensthema, das sich aus diesem zentralen Komplex ergab. Er wollte diese schlechten Erfahrungen kompensieren, dafür sorgen, dass seine Kinder nicht unter dem Stigma einer schlechten Familie zu leiden hatten. Dieses Lebensthema ist nicht zu hinterfragen: Es ist wie in Stein gemeißelt. Und es verändert sich wenig im Umgang mit Autoritätspersonen.

Komplexepisode und Lebensthema

An dieser Komplexepisode kann man arbeiten. Klaus hat eine Geschichte erzählt. Er kann sich leicht in das Kind von damals einfühlen, also in den Kindpol der Komplexepisode. So fühlt er sich noch immer, wenn ihn jemand von oben herab behandelt. Eine Komplexepisode wird aber als Ganze verinnerlicht: Auch der

Pol des Angreifers spielt eine Rolle in unserer Psyche. Was der Angreifer in unserer Fantasie sagt, das sagen wir uns selber oft, wenn wir mit uns nicht zufrieden sind. Auch Klaus sagt sich oft selber, wenn er seinen hohen Erwartungen an sich selbst nicht entsprechen kann: Von dir kann man nichts anderes erwarten, du kommst halt aus einer schlechten Familie. Aber diese Haltung zeigt er oft auch anderen Menschen gegenüber, zwar nicht mit dem Argument der schlechten Familie, doch er erhebt sich über andere und entwertet sie, um sich selbst aufzuwerten. „Ich verachte alle diese jungen Leute, die sich in ein von den Eltern gemachtes Nest setzen konnten. Wenn das Leben einmal hart wird, werden die alle versagen." Klaus verachtet, um nicht neiden zu müssen.

Im Erzählen einer Komplexepisode wird eine Erfahrung, die einem unter die Haut gegangen ist und die immer noch prägt, in eine emotionale Geschichte eingebettet, die mit einem anderen Menschen geteilt werden kann. Gerade durch das Erzählen kann diese Geschichte nun neue Assoziationen auslösen, das heißt, neue Gesichtspunkte werden eingebracht und neue emotionale Erfahrungen werden möglich.

Indem man sich zum einen in den Kindpol einfühlt und sich imaginativ in diesen zurückversetzt, erlebt man noch einmal, wie man sich als Kind in diesen speziellen Situationen gefühlt hat. Und indem man sich zum anderen in den Erwachsenenpol einfühlt, der sonst meistens in der Projektion bleibt, findet man heraus, wo man selber mit diesem Angreifer oder dieser Angreiferin identifiziert ist. Sowohl das Verhalten, das im Kindpol ausgedrückt ist, als auch das Verhalten, das im Erwachsenenpol ausgedrückt ist, muss geopfert werden. Im konkreten Alltag muss man sich das entsprechende Verhalten, wenn es einem zum Bewusstsein kommt, versagen. Das kann man leichter, wenn man sich klar macht, in welchen Situationen man besonders gefährdet ist, in dieses Verhalten zu fallen, in welchen Situationen sich der

Komplex also konstelliert. Dann weiß man, wann man auf sich aufpassen muss. Gelingt es, dieses Verhalten zu kontrollieren, dann besteht das Leben nicht mehr aus Opfern und Angreifern, und man kann das Leben gestalten.[30]

Aus den Wünschen des Kindes der Komplexepisode, die durch den Zusammenstoß durchkreuzt worden sind, kann das Lebensthema herausgeschält werden.

Was hätte sich Klaus damals als Zehnjähriger gewünscht? „Ich wäre gerne behandelt worden wie alle anderen auch. Heute würde ich sagen: Auch wenn wir gestört haben, hätte der Pfarrer respektvoll mit uns umgehen können. Vor allem aber hätte er mir das Verhalten meiner Geschwister, und damit letztlich meine Herkunft, nicht vorwerfen dürfen. Ich hätte ihm das sagen sollen. Ich konnte nicht für mich einstehen, und niemand hat das für mich stellvertretend gemacht. Ich kann mir vorstellen, dass es Väter oder Mütter gibt, die zum Pfarrer gehen und ihn zur Rede stellen würden, und die für das Kind eintreten würden. Ich habe es zu Hause nicht einmal erzählt, nur dem Bruder. Es fällt mir erst heute ein, dass ich es ja hätte erzählen können. Aber das hätte wohl nichts gebracht."

Das Lebensthema, das diesen Komplex kompensierte, war: „Ich will mich *hinauf*arbeiten." Dieses Thema der Kompensation war ihm Bestimmung und Gesetz, auf dieses Lebensthema war er eingeengt. Er hatte damit zwar Erfolg: er hatte sich hinaufgearbeitet und niemand warf ihm mehr seine Herkunft vor. Dieses Lebensthema zu entwickeln genügte aber nicht, um den Komplex zu verändern.

Ein weiteres Lebensthema, das sich aus dem Wunsch des Kindes ergab, für sich in dieser schwierigen Situation einzutreten zu

---

[30] Kast Verena (1998) Abschied von der Opferrolle. Das eigene Leben leben. Freiburg im Breisgau

können, war: Ich will für mich eintreten können. Ich will zu mir stehen können, auch wenn meine Mitmenschen das, was ich mache, nicht gut finden. Vielleicht hatte das Kind damals diesen Wunsch nicht, aber dass Klaus heute dem damaligen Kind diesen Wunsch zuschreibt, heißt zumindest, dass dieser in der Fantasie heute existiert, und mit dieser Erfahrung in Beziehung gebracht werden kann.

Es schälte sich so ein weiteres Lebensthema heraus: Ich will mich freuen dürfen, auch wenn es manchmal Ärger gibt.

Indem Klaus sein Verhalten in Komplexsituationen immer besser kontrollieren konnte, und indem er neue Lebensthemen identifizierte, die sein zentrales Lebensthema vom Hinaufarbeiten ergänzten und ganz neue Impulse in sein Leben brachten, schwächte sich seine Komplexreaktion ab. So konnte er sagen: „Ich habe kürzlich einen Mann getroffen, der mich früher zur Weißglut gebracht hätte. Als ich mir das so vorstellte, musste ich etwas schmunzeln, und dann ging ich mit ihm ganz normal um."

Wenn wir Komplexepisoden studieren und an diesen arbeiten, lassen wir viele Aspekte beiseite. Wird eine Komplexepisode wie hier aus dem zehnten Lebensjahr erzählt, dann ist anzunehmen, dass diese Komplexepisode zwar eine generalisierte Episode ist, die frühere Erfahrungen mit einschließt, dass es aber immer noch andere Erfahrungen gibt, die darin nicht berücksichtigt sind. Man kann also bei jeder Komplexepisode, die auf Lebensthemen hinweist, etwas Wichtiges vermissen. Im Folgenden werde ich sowohl dies als auch manche therapeutische und diagnostische Aspekte nicht erwähnen. Denn in meinem Zusammenhang ist die Konzentration auf die Konflikte, die im Komplex ausgedrückt sind, sowie auf die darin enthaltenen Lebensthemen zentral. Für diesen Aspekt zu sensibilisieren ist mir wichtig – auch als therapeutische Technik.

Lebensthemen,
die sich in alltäglichen Konflikten zeigen

Im Folgenden werde ich an einigen Komplexkonstellationen, die in mehr oder weniger ausgeprägter Form bei vielen Menschen anzutreffen sind, zeigen, dass in diesen Konfliktthemen Lebensthemen verborgen sind – und wie diese entborgen werden können. Meine Intention ist zum einen, den Blick auf die Lebensthemen und die damit verbundenen vitalen Strebungen zu lenken, die in diesen Problemen verborgen sind. Zum anderen habe ich die Hoffnung, dass die Beschäftigung mit den Geschichten und den damit verbundenen Emotionen zur Identifikation einladen und eine homöopathische Wirkung haben mögen. Da alle diese Komplexepisoden mit Emotionen verbunden sind, regt jede dieser Geschichten auch an, sich mit einer oder mehreren bestimmten Emotionen auseinander zu setzen.

„Ich komme immer zu kurz"

Eine 42-jährige Frau, ich nenne sie hier Laura, ist an Krebs erkrankt. Sie wurde operiert und bald nach der Operation monierte sie, alle anderen würden Psychotherapie bekommen, sie aber nicht. Dies stimmt so allerdings nicht: In der Klinik, in der sie behandelt wurde, arbeitet auch ein Psychosomatiker, der den Patienten und Patientinnen zur Verfügung steht. Da Laura einige Schwierigkeiten im Umgang mit den Ärzten hatte, wurde ihr dringend geraten, psychotherapeutische Hilfe in Anspruch zu nehmen, nötigenfalls auch außerhalb der Klinik. Diesen Rat befolgte sie.

Aber nicht die Krebserkrankung ist zunächst das Thema – wie zu erwarten gewesen wäre. Diese, und der damit verbundene Einbruch in ihrem Leben, die Trauer um die Unversehrtheit,[31] liegt natürlich im Hintergrund der zu besprechenden Komplexepisode, wird aber zunächst nicht thematisiert. Jede Komplexepisode ist in einen aktuellen Lebenskontext eingebaut. Die Arbeit an einer Komplexepisode gibt neue Lebensqualität. Und wenn man das Lebensthema, das damit verbunden ist, entbinden kann, vermittelt es auch eine neue Lebensperspektive, selbst dann, wenn große anstehende Lebensprobleme nicht gelöst werden können, wie in diesem Fall das Problem der Krankheit.

Laura beginnt das Gespräch: „Das ist wieder einmal total typisch für mich: Ich komme immer zu kurz. Wenn ich in den Ferien bin, bekomme ich immer das schlechteste Badetuch, das schlechteste Zimmer, den schlechtesten Tisch im Restaurant – und jetzt auch noch diese schlechteste Krankheit."

Das klingt nach der Generalisierung eines Problems. Sie kommt gerade aus einem Badeurlaub, und ich frage sie, ob sie denn das mit dem Badetuch schon einmal nachgeprüft habe. Ihre Reaktion:

„Das muss ich nicht nachprüfen, das weiß ich!"

Und dann berichtet sie von weiteren Lebenssituationen, in denen sie benachteiligt wurde und wird. Im Folgenden ein paar typische Beispiele: „Ich bekomme auch an jeder Stelle zu wenig Lohn." Auf meine Frage, ob sie die Lohnfrage zur Sprache bringe, sagt sie: „Nützt nichts." Und dann: „Niemand beachtet mich, niemand kommt auf mich zu. Ich werde nicht respektiert. Und ich bekomme bestimmt auch die schlechteste Behandlung mit meinem Krebs, und Sie werden mit dem Onkologen auch nicht sprechen."

---

[31] Kast Verena (2000) Lebenskrisen werden Lebenschancen. Wendepunkte des Lebens aktiv gestalten. Freiburg im Breisgau

Laura bringt demonstrativ das Lebensgefühl zum Ausdruck, immer zu kurz zu kommen. Dabei wirkt sie unangenehm ärgerlich. Sie vermittelt, dass die „ganze Welt" ihr immer Unrecht tut – ich als Analytikerin eingeschlossen, obwohl ich bisher noch gar nicht zu Wort gekommen bin. Ich verstehe, dass ihr Verhalten bei Menschen, die mit ihr zu tun haben, Ablehnung hervorrufen kann. Auf Grund dieser Komplexkonstellation setzt sie andere Personen sehr rasch ins Unrecht, vermittelt dem jeweiligen Menschen den Eindruck, sie schlecht zu behandeln. Ich jedenfalls muss mich von diesen Gefühlen, die sich mir rasch aufgedrängt hatten, distanzieren.

Mir gelang das, weil ich sehr erstaunt darüber war, dass nicht die Krebserkrankung das Thema war, und ich mich dafür interessierte, welche Erfahrungen hinter diesem komplexhaften Erleben und Verhalten stecken mochte.

Jeder Komplex hat eine Entstehungsgeschichte

Ich fragte, ob sie sich an Situationen aus ihrer Kindheit erinnern könne, in denen sie deutlich wahrgenommen habe, dass sie zu kurz gekommen sei? – Es gab nur solche Situationen. Andere gab es nicht. So lautete, kurz gefasst, ihre Antwort.

Laura informiert: Sie waren fünf Kinder zu Hause, sie war die Jüngste, die anderen vier waren eng mit den Eltern verbunden. Sie alle haben zusammengehalten: „Die anderen haben immer etwas miteinander gemacht. Bei mir hieß es bei allem: Du darfst nicht mitmachen, du bist zu klein, du bist noch zu dumm, du musst noch warten."

In solchen Situationen fühlte sie sich ärgerlich, wütend, aber auch einsam, ausgeschlossen. „Es war einfach klar, dass die anderen mehr haben als ich, ein besseres Leben. Ich war dann wütend und hatte einen ungeheuren Neid auf die Großen – und ich habe mir vorgestellt, was die ‚Großen' (ihre Geschwister) alles dürfen."

Was stellte sie sich vor?

„Dass die Eis haben durften, Schokolade, Coca Cola, halt alles, was es bei uns eigentlich nie gab. Fünf Kinder sind teuer, und mein Vater verdiente nicht viel."

Um an Komplexen wirklich arbeiten zu können, ist es hilfreich, wenn man eine Komplexepisode erinnert und diese auch in der Vorstellung ausgestaltet. Ich frage nach einer Geschichte, die sie erlebt hat, und die ihr selber so deutlich gemacht hat, wie sehr sie zu kurz kommt.

Eine Komplexepisode

„Es war Ostermontag. Die Schüler machen einen Umzug zur Kirche. Alle anderen haben neue Schuhe und neue Kleider. Ich allein muss die Schuhe meiner Schwester tragen. Alle anderen Geschwister haben neue Schuhe. Nur ich, ich habe alte. Alle haben schöne Kleider – ich nicht. Ich trage Kleider von meinen Schwestern. Ich war ein richtiges Aschenputtel." Auf die Frage, wie das Wetter war, sagte sie mir, eigentlich habe es an diesem Tag meistens geschneit. „Aber in meiner Vorstellung ist es sehr schönes Wetter. Alle sind so schön – und ich so hässlich. Mir ist überhaupt nicht wohl. Ich bin ganz unglücklich. Heute würde ich sagen, neidisch. Ich habe mir auf dem ganzen Weg überlegt, wie ich den anderen Kindern die schönen Kleider verderben könnte. Ich habe mir überlegt, ob ich Tinte auf ein Kleid meiner Schwester spritzen könnte, oder ob ich mit der Schere etwas anstellen könnte. Aber ich hatte ja weder Tinte noch Schere. Ich war sehr neidisch – und wütend; ich hatte eine Wut auf die anderen Kinder, die es besser hatten, auf die Geschwister, auf die Mutter. Später dann auch eine große Wut auf den Vater: Wenn einer so wenig verdient, dann soll er nicht fünf Kinder haben, wenn er nicht wirklich für sie aufkommen kann."

Sie denkt oft an diese Osterumzüge, natürlich besonders an Ostern, und sie bemitleidet sich dann und findet, sie sei ein armes Kind gewesen – eben ein Aschenputtel. Niemand habe das gesehen und etwas dagegen unternommen. Das Denken an diese Ungerechtigkeit löst noch heute große Wut aus.

Eine weitere Komplexepisode

„Es ist Sonntag. Alle anderen machen einen Sonntagsspaziergang. Ich war irgendwie muffig. Die anderen sind dann halt allein zum Sonntagsspaziergang gegangen. Die anderen hätten sich mehr um mich kümmern müssen, dann wäre ich vielleicht mitgegangen. Ich fühlte mich sehr, sehr einsam und wurde immer trauriger und muffiger, und ich stellte mir vor, was die anderen gemeinsam machen und was sie bekommen, wie viel Freude sie haben. Ja ich dachte an Schokolade und an Eis. Ich habe immer verglichen, ich vergleiche immer, und ich stelle immer fest, ich bin schlecht weggekommen – immer. Und dann sind sie nach Hause gekommen, ganz vergnügt, sie haben sich auch dann nicht besonders um mich bemüht. Sie waren einfach zufrieden. Heute würde ich sagen, die hatten überhaupt keine Schuldgefühle!"

Meine Frage, ob die anderen denn Schuldgefühle hätten haben müssen, fand sie ziemlich unbedarft: „Natürlich, denn die hatten sich doch zu wenig um mich gekümmert."

Ich bat sie, diese Komplexepisode einmal graphisch darzustellen. Es ist sinnvoll, eine Komplexepisode zu zeichnen. Vor allem wird dadurch sichtbar, dass der Komplex als Ganzes verinnerlicht

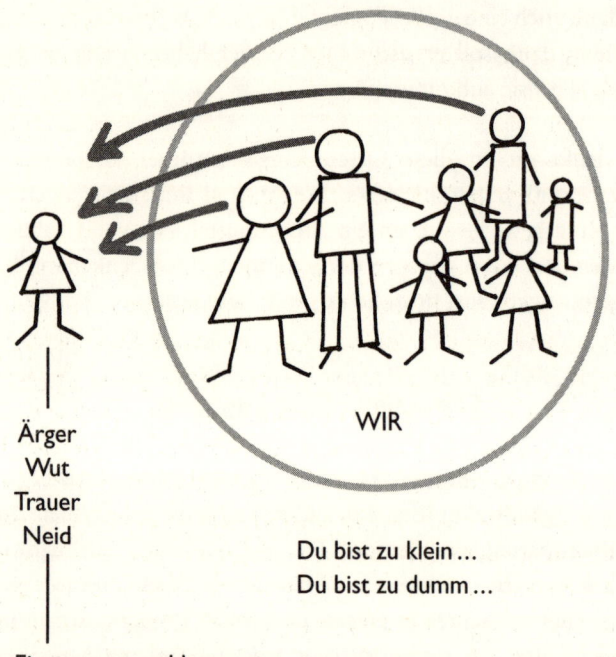

Ärger
Wut
Trauer
Neid

WIR

Du bist zu klein …
Du bist zu dumm …

Einsam, ausgeschlossen
Fantasien: Was die Großen alles dürfen

wurde, dass auch die, die in der Angreiferposition waren, nicht einfach nur Menschen „außen" sind, sondern auch verinnerlicht wurden und dass deren Verhalten – meist unbewusst – auch einem eigenen Verhalten im Bereich des Komplexes entspricht. In der Darstellung selber finden sich gelegentlich wichtige Hinweise. So fiel es Laura nicht auf, dass sie sich doppelt gezeichnet hatte: Zum einen als Mitglied der übrigen Familie, von der sie sich doch eigentlich so ausgeschlossen fühlte. Und zum anderen hat sie sich noch einmal als die Ausgeschlossene, die Einsame dargestellt. Die Zeichnung könnte darauf hindeuten, dass sie sich nicht ständig so ausgeschlossen fühlte, wie sie es in ihrem komplexhaften Erleben wahrnimmt. Eine solche Überlegung kann allerdings erst ausgesprochen werden, nachdem man am Komplex gearbeitet hat.

Sich in die Pole des Komplexes einfühlen

Laura ist in ihrer gegenwärtigen Lebenssituation noch fast ausschließlich mit dem Kindpol dieses ihres Komplexes identifiziert: noch immer kommt sie zu kurz, genauso wie als Kind. Noch immer sieht sie die Welt aus dieser Position. Noch immer vergleicht sie. Der Vergleich fällt noch immer zu ihren Ungunsten aus. „Ich bekomme nie so viel, wie ich mir vorstelle, dass die anderen haben." Sie ist neidisch und ärgerlich: Das Leben ist ganz und gar ungerecht. Die schlechten Erfahrungen, die sie gemacht hat, und die sie fortlaufend weiter macht, werden generalisiert und prägen ihre Erwartungen. Die anderen Menschen haben daher überhaupt keine Möglichkeit, ihr eine bessere Erfahrung zu ermöglichen. Aus ihrer Sicht stellt es sich so dar, dass sich niemand bemüht.

Die Position der Neiderreger – ihre ganze übrige Familie, die sie im weiteren Verlauf ihres Lebens auf fast alle anderen Menschen, mit denen sie zu tun hat, ausweitet – kann sie gut einnehmen. Auf die Frage, ob sie sich in diesen Teil der Familie einfühlen könne, sagt sie, das falle ihr überhaupt nicht schwer: „Wenn ich mich mit den Augen der Familie betrachte, dann habe ich Mitleid mit dieser Kleinen, aber sehr viel Verachtung für dieses ewig unzufriedene, neidische Kind. Ich würde triumphieren: Ich gehöre zu den Besseren."

Die Beziehungskonstellation, die in der Komplexepisode abgebildet ist, wirkt auch intrapsychisch: In der Angreiferposition wird auch die Weise dargestellt, wie wir uns selber angreifen. Aus der Position der Neiderreger verachtet sie sich als die ewig Unzufriedene, die Neidische, die Lästige. In vergleichbarer Weise beurteilt man aus der Angreiferposition heraus aber auch die Mitmenschen. Und bei ihr bedeutet dies, dass sie andere Menschen verachtet. „Ich verachte übrigens auch andere, die meinen, sie kämen zu kurz, oder auch wirklich zu kurz kommen. Die können nichts aus ihrem Leben machen. Ich mache übrigens auch gerne andere neidisch – ich lasse ‚ganz beiläufig' fallen, wie wenig ich für mein Geld arbeiten muss oder wohin ich am Wochenende rasch verreise …"

Laura weiß recht gut, wie es sich anfühlt, wenn sie sich mit der Angreiferseite identifiziert, aber ihr Lebensgefühl stammt doch eher aus der Identifikation mit dem Kindpol des Komplexes. Und dieses Lebensgefühl formuliert sie so: „Alle sollen endlich einsehen, dass ich ständig zu kurz komme, dass ich ein Recht habe, ärgerlich zu sein. Sie sollen endlich die Verantwortung für das Ganze übernehmen."

Wen meint sie mit „sie"?

„Niemand bestimmten, es muss doch eine ausgleichende Gerechtigkeit geben. Aber das ist es ja, kein Mensch übernimmt die Verantwortung für diese Geschichte, niemand bemüht sich. Und jetzt habe ich auch noch diese Krankheit."

Man kann nun sowohl an dieser Komplexepisode intensiv analytisch arbeiten als auch sehr rasch ein Lebensthema herausarbeiten.

Stiefmütterlich geht die Welt mit ihr um, jetzt so wie auch früher, meint Laura. Und deshalb ist sie neidisch – mit Recht. Neid[32] ist

---

[32] Kast Verena (1996) Neid und Eifersucht. Die Herausforderung durch unangenehme Gefühle. Zürich

das Gefühl, das wir haben, wenn wir mit uns nicht einverstanden sind. Die anderen haben es besser. Wir selber sind stiefmütterlich versorgt worden, über die anderen hat die gute große Mutter ihr Füllhorn in großem Maße ausgeschüttet – und das erscheint ungerecht und erfüllt uns mit Ärger. Dabei haben wir einen großen inneren Druck, besser als die Anderen sein zu müssen. Es gibt Menschen, die grundsätzlich mit sich selbst nicht einverstanden sein können, und deshalb so voller Neid sind, dass er nur schwer anzugehen ist. Doch dieser Neid muss angegangen werden, denn Neid kann sehr zerstörerisch wirken. Natürlich gibt es auch den alltäglicheren Neid, den viele Menschen kennen. Neid zu spüren ist als eine Aufforderung zu sehen, sich zu fragen, ob wir nicht auch ein anderer Mensch sein könnten. Könnte das, was unseren Neid erregt, etwas sein, was wir vielleicht in unserem Leben verwirklichen möchten? Oder zeigt er uns einfach, dass wir zuwenig aus unserem Leben machen? Dass wir es uns vielleicht zu bequem machen – und dann die beneiden, die einem Interesse, einer Leidenschaft nachgehen? Dies ist ja meistens mit recht viel Einsatz verbunden. Oder zeigt uns unser Neid, dass wir ein falsches Bild von uns selbst haben? Dass wir unser Selbstbild korrigieren müssen, vielleicht etwas bescheidener werden sollten, die Fantasien von Größe, die wir nicht mehr einlösen können, opfern sollten – und realistischer herausfinden, was wirklich unsere aktuellen Lebensthemen sind? Wie auch immer die Antwort ausfällt, es geht immer darum, ein gönnender Mensch zu werden – und dies können wir, weil wir immer auch genug haben, vielleicht nicht so viel wie ein Anderer oder eine Andere, vielleicht auch mehr, aber auf jeden Fall für uns selber genug.

Stiefmütterlich, so meinte Laura, gehe die Welt mit ihr um. Und stiefmütterlich, so fanden wir dann im weiteren Verlauf heraus, gehe sie mit sich selber, aber auch mit anderen Menschen um. Ihre Sehnsucht war aber, dass die Welt ihr mütterlich begegnen solle. Da „die Welt" das in der Regel nicht tut – wir haben die Versorgungsmentalität schon erwähnt – muss sie fähig werden, gut für sich zu sorgen, gönnend zu werden, sich selber und auch anderen Menschen gegenüber. Statt neidisch zu sein, gönnend zu werden, indem sie erkennt, dass sie nicht nur die zu kurz Gekommene ist. Die durch den Komplex verursachte Generalisierung, das Gefühl, überall und immer zu kurz gekommen zu sein, muss einer Differenzierung weichen: Es gibt immer Situationen, in denen wir Menschen das Gefühl haben, zu kurz gekommen zu sein, und es gibt Situationen, in denen wir auch tatsächlich zu kurz gekommen sind. Gefühle der Trauer darüber können uns dann helfen, dieses Zu-kurz-Kommen als eine normale Lebenserscheinung zu verstehen und den Blick wieder dahin zu wenden, wo wir nicht zu kurz kommen. Das ist allerdings schwierig, denn schlechte Gefühle kommen von selber – ein evolutionäres Erbe –, um gute Gefühle müssen wir uns bemühen. Und dies ist nicht ganz einfach. Denn man muss einen Grund haben, sich um gute Gefühle zu bemühen, man muss Liebe zum Leben haben und vom Gedanken der Selbstsorge zumindest ein wenig begeistert sein.

Gönnend werden könnte für Laura ein wichtiges Lebensthema sein. Sie bestätigte:

Wenn die anderen nur etwas gönnender gewesen wären, dann wäre es für sie einfacher gewesen, dann wäre sie jetzt nicht so neidisch. Laura hatte zunächst keinen Sinn für einen Blick auf Lebensthemen, sie blieb in der Vorwurfshaltung und identifiziert mit der Opferposition.

Der symbolische Ausdruck für die Komplexepisode

Laura hat einen symbolischen Hinweis auf ihre Komplexepisode gegeben, an dem man möglicherweise arbeiten kann. Sie sagte, sie habe sich wie Aschenputtel gefühlt. Im Folgenden eine Kurzfassung des Märchens mit den für unseren Zusammenhang wichtigen Elementen. Das Märchen findet sich in der von den Gebrüdern Grimm überlieferten Fassung im Anhang dieses Buches.

Aschenputtel hatte eine Mutter, die sie als nur gut erfährt. Diese nur gute Mutter stirbt. Sie nimmt ihrer Tochter noch auf dem Totenbett das Versprechen ab, immer gut und fromm zu bleiben. Aschenputtel muss sich nun von einer nur guten Mutter ablösen, dagegen wehrt es sich zunächst. Dabei geht es ihm sehr schlecht und immer schlechter: Erst als die Mutter gestorben ist, und der Vater erneut heiratet – eine Frau mit zwei Töchtern – wird es überhaupt zu einem Aschenputtel. Sie wird von den Stiefschwestern und der Stiefmutter verhöhnt und gequält, vom Vater kaum zur Kenntnis genommen. Sie muss alle Arbeit tun und in der Asche schlafen. Deshalb wird das Mädchen Aschenputtel genannt. Sein Leben gerät zunehmend mehr in die Krise und wird immer dramatischer grau. Eines Tages reitet der Vater zu einer Messe und er fragt, was er denn den Töchtern bringen soll, und er fragt auch Aschenputtel. Dieses wünscht sich das erste Reis, das dem Vater an den Hut stößt. Dieses Reis, das der Vater bringt, pflanzt es auf dem Grab der Mutter, wo es sofort zu wachsen beginnt. Und obwohl symbolisch da deutlich etwas Neues wächst, Wurzeln treibt, grün wird ... gerät das tägliche Leben immer tiefer in die Krise.

Die Beleidigungen und Entwertungen erreichen einen Höhepunkt, als Aschenputtel ebenfalls auf den Ball des Königssohnes gehen möchte. Zu allem Übel wird ihm versprochen, dass es gehen darf, wenn es die Linsen aussortiert, und das Versprechen wird nicht gehalten. Da geschieht aber der Umschwung: Aschenputtel fragt in einem gewissen Moment nicht mehr um Erlaubnis, sondern geht auf das Grab der Mutter und sagt zu dem Bäumchen, das aus dem Reis entstanden ist: „Bäumchen rüttel dich und schüttel dich, wirf Gold und Silber über mich." Es wird dann mit wunderbaren Kleidern ausgestattet, geht auf den Ball und gewinnt den Prinzen für sich.

Wir sprechen über das Märchen, vor allem, um herauszufinden, ob sie emotional am Entwicklungsthema anknüpfen kann: ob durch die Bilder des Märchens in Laura Bilder der Hoffnung belebt werden können.

Aschenputtel hat offenbar eine gute Muttererfahrung gemacht, bevor die Mutter gestorben ist, und deshalb kann es dann auch – nach einigen Irrwegen – für sich selber sorgen und in guter Weise mütterlich zu sich sein. Diese gute Muttererfahrung wird sichtbar im Wissen, dass der Vater ein Reis bringen kann, und dass daraus etwas Hilfreiches werden kann: Der Keim für die neue, die bessere Lebenssituation, das Reis, das durch ihren Wunsch bereits Wurzeln treibt und wächst, längst bevor die Krise an ihren Höhepunkt oder Tiefpunkt gerät. Am Tiefpunkt der Verzweiflung wehrt sich Aschenputtel nicht mehr gegen die Veränderung, und vertraut auf die Ressourcen, die ihr durch die Beziehung zu ihrer guten Mutter zugänglich sind – im Märchen symbolisch ausgedrückt im Gang zum Grab mit dem hilfreichen Bäumchen.

Laura ärgert sich über das gutmütige, duldende Aschenputtel: Sie sei doch bestimmt auch neidisch, könnte sich doch wehren, müsste sich doch wehren gegen diese gebieterischen, hoffärtigen Schwestern, die ja das Aschenputtel erst zum Aschenputtel machen. Mit diesem Aschenputteldasein ist Laura identifiziert. „Ich bin eigentlich nicht weiter gekommen in meinem Leben."

Im Märchen ist jedoch Hoffnung. Der Vater bringt ein Reis – und daraus wird der Baum, von dem die Hilfe kommt, die das Aschenputtel braucht.

„Aber bei mir gibt es keine Hoffnung. Ich habe eben keine solche Mutter gehabt."

Auch in der Identifikation mit den Bildern des Märchens gibt es keine Veränderung. Sie wäre ja gerne mütterlich zu sich und zu anderen, sie wäre gerne gönnend. Manchmal gelingt es ein wenig. Das fühlt sich dann gut an. Aber wenn man doch so sehr zu kurz gekommen ist ..."

Es ist nicht möglich, sich dem Lebensthema direkt zuzuwenden, auch wenn es offensichtlich ist, und die Lebenssituation entscheidend verbessern könnte. Man muss an der Komplexepisode arbeiten.

Komplexe verändern sich, wenn man die Komplexthemen dekonstruiert. Die Position des Opfers bringt nichts, denn „die Welt" stellt keine ausgleichende Gerechtigkeit zur Verfügung. Die Identifikation mit dem Angreiferanteil bringt ebenfalls nichts: Sich selber verachten, andere verachten, andere neidisch machen – auch das bietet keine sinnvolle Alternative.

Beide Haltungen sowie das Verhalten, das aus der Identifikation mit diesen Komplexpolen kommt, muss, wenn es einmal erkannt ist, geopfert werden. Man muss dieses Verhalten wahrnehmen und es sich versagen. An seiner Stelle kann man das Lebensthema, das mit dem Komplex verbunden ist, und das auch als Entwicklungsthema verstanden werden kann, mehr ins Zentrum rücken.

Laura versteht, dass sie sich mit beiden Polen des Komplexes gut identifizieren kann, sie versteht auch, wie sehr sie sich selber verachtet, wenn sie mit dem Opfer dieses Komplexes identifiziert ist. Sie bemerkt, dass sie vielleicht doch nicht immer zu kurz kommt, dass sie durchaus erfolgreich ist und andere Menschen sogar neidisch machen kann. Aber sie ist noch nicht bereit, diese Positionen zu opfern.

Ihr fiel auf, dass die Identifikation mit der Opferposition ihr zwar ein Gefühl der Stärke gibt, sie sagt zum Beispiel: „Ich kann mir erlauben, so schön vorwurfsvoll zu sein." Doch ihr ist deutlich, dass sie mit dem daraus resultierenden Verhalten andere Menschen nervt oder sie in die Flucht schlägt. Es ist für sie schwierig, die Opferposition aufzugeben und es zu unterlassen, aus dieser Opferposition heraus zu agieren. Aber kleine Veränderungen in diese Richtung bringen manchmal beachtliche Veränderungen im Zusammenleben mit anderen Menschen. Laura kann damit Erfolge verzeichnen, sowohl in der Therapie als auch im Alltag. Sie erzählt: „Ich gedachte, als Opfer zum Onkologen zu gehen und ihm ein wenig Schuldgefühle zu machen. Dann überlegte ich mir, dass wir in der Therapie gefunden haben, dass dieses Verhalten mir meistens schadet. Ich ging also hin, grüßte ganz normal, auch nicht übertrieben freundlich, und fragte nur: ‚Wie sind die Werte?' Er sagte es mir, und fragte: ‚Was gibt es sonst so?' Normalerweise versuchte er, mich so rasch als möglich loszuwerden. Auch diese Arroganz, die ich manchmal habe, dieses Verachten der anderen – das bringt auch nichts."

Wir einigten uns darauf, dass sie damit einfach aufhören müsse, wann immer sie dieses Verhalten an sich selber merke. Und immer wieder einmal gelang es ihr. Dieses Arbeiten an der Komplexepisode veränderte ihr Verhalten, und sie machte neue Beziehungserfahrungen: Die Menschen reagierten auf sie nicht mehr so abweisend. Es veränderte sich aber auch ihre Erinnerung.[33] Die neue emotionale Lage erlaubt in der Regel, dass auch die Vergangenheit neu gesehen wird. Werden die Emotionen freundlicher, kann auch freundlicher erinnert werden, können die Dinge erinnert werden, die gut waren. In Lauras Worten hört sich dies so an: „Vielleicht ist die Familie doch nicht so schlecht gewesen?"

Nachdem sie diese Frage gestellt hatte, machte ich sie auf ihre Darstellung der Komplexepisode aufmerksam. Und jetzt fiel es ihr auf, dass sie zwei Mal auf dieser Zeichnung vorkam: als Opfer, aber auch als Mitglied dieser Familie. Das veränderte ihre Sicht auf die Familie: Sie konnte jetzt auch Episoden erinnern, die nicht vom Vergleichen und dem Zu-kurz-gekommen-Sein geprägt waren. Sie fand, ihre Familie habe eigentlich eine beachtliche Lebensfreude gehabt, trotz der Armut, und auch die Armut sei später nicht mehr so drückend gewesen. Die Generalisierung ihrer Erfahrungen, bewirkt durch den Komplex, wurde für das alltägliche Leben, aber auch in der Erinnerung in Frage gestellt. Jetzt konnte sie differenzieren: Wo kommt sie zu kurz, wo nicht. Wo ist sie wirklich zu kurz gekommen, wo aber nicht. Auch wenn in ihrer Familie für sie wenig fürsorgliches Mütterliches zu erleben gewesen wäre, so erleben doch die meisten Menschen irgendwo ein stützendes Mütterliches. Das kann auch außerhalb der Familie erlebt werden. Dieses Erleben bietet jeweils die Grundlage, dass man auch sich selber gegenüber mütterlich werden kann, dass man für sich selber sorgen kann und aus dem Gefühl eines inneren Reichtums heraus auch gönnend werden kann.

Und dies wollte Laura: gönnend werden. Zuerst war sie es gelegentlich mit zusammengebissenen Zähnen. Natürlich hatte sie viele Rückfälle in den Neid und in das destruktive Vergleichen – aber sie erlebte, wie sie sich als Gönnende so viel besser fühlte und wie sie von den Menschen besser akzeptiert wurde. Noch

---

[33] In Forschungen, in denen Erzählungen über Erinnerungen aus der früheren Kindheit zu Beginn der Therapie und am Ende der Therapie verglichen wurden, zeigte es sich, dass diese Erinnerungen anders, vor allem versöhnlicher, erzählt wurden. Eckstein Daniel (1976) Early recollections changes after counselling: a case study. Journal of Individual Psychology, 32, 212-223

etwas anderes veränderte sich: Sie erwartete nicht mehr, dass „die Welt" für eine ausgleichende Gerechtigkeit sorgte. Sie nahm dies selber in die Hand und meinte: „Wenn ich schon eine schwere Erkrankung habe, dann kann ich mir eine zusätzliche Freude gönnen."

Im Laufe der Zeit formulierte sie drei Lebensthemen, die sie angesichts ihrer Krankheit so bald als möglich realisieren wollte:
„Ich will mütterlich werden – zu mir und zu den anderen."
„Ich will als gönnender Mensch in der Erinnerung der anderen, besonders auch meiner Geschwister zurück bleiben, falls ich sterben muss."
„Ich will Entscheidungen so treffen, dass ich gut für mich und für andere sorge."

Und wenn sie wirklich einmal zu kurz kommt? – Das kommt ja im realen Leben durchaus vor.
„Dann werde ich das alte Biest sein, aber hoffentlich nur für einen Moment."
Natürlich kann man eine so schwere Neidproblematik, wie sie sich in dieser Komplexkonstellation zeigt, nicht nur mit der Arbeit am Komplex und mit dem Hinwenden zum Lebensthema zum Verschwinden bringen, aber man kann wirkungsvoll daran arbeiten. Kleine Veränderungen in der Erfahrung und im Verhalten sind nicht zu unterschätzen: sie haben nicht selten eine große Wirkung auf das Leben eines Menschen.

„Irgendwie werde ich immer im Stich gelassen"

Das Thema des Verlassenwerdens zeigt sich in Komplexepisoden in vielfältiger Weise. Bindung und Trennung sind Grundbedürfnisse des Menschen. Weil Bindung lebenswichtig ist, besonders in der frühen Zeit des Säuglings, aber auch später, ist die Angst, verlassen zu werden eine Grundangst des Menschen. Es ist im Leben jedoch nicht zu vermeiden, dass man verlassen wird, etwa durch einen Menschen, der stirbt, und dass man selbst verlässt – etwa als Heranwachsende die Eltern und das Elternhaus. Weil Bindung und Trennung beide fundamental für die menschliche Entwicklung wichtig sind, entwickeln viele Menschen Komplexe in dem umfassenden Bereich des Verlassenwerdens. Sie entwickeln jeweils unterschiedliche Strategien des Umgangs mit diesem Komplex. Hier interessiert vor allem, welche Lebensthemen in diesen Verlassenheits-Komplexepisoden verborgen sind.

„Ich muss immer verlassen"

Eine 28-jährige Frau, ich nenne sie hier Doris, kommt in Therapie wegen eines Beziehungsproblems. Sie strebt enge Bindungen zu Menschen an. Sobald eine Beziehung aber wirklich enger oder verpflichtender wird, wird sie von einer unerklärlichen, dumpfen Wut erfasst und sie beendet die Beziehung.

Ich äußere ihr gegenüber, dass Psychotherapie unter diesen Umständen schwierig, wenn nicht unmöglich sei. Sie teilt mir dann auch mit, ich sei bereits die dritte Therapeutin, die sie aufsuche. Wenn sie sich ein wenig an den Therapeuten oder die Therapeutin binde, dann empfinde sie diese dumpfe Wut. Dann verlasse sie die Therapie. Ich sage etwas salopp: Sie verlassen mich, bevor ich Sie verlassen kann.

Wir sprechen über ihr Leben. Sie erzählt mir, dass sie – zunächst – eine sehr gute Kindheit gehabt habe. Sie hat zwei Geschwister, eines älter, eines jünger. Doris war sehr auf ihre Mutter bezogen, sie erzählte von vielen guten Erfahrungen mit ihrer Mutter, die offenbar verlässlich und warmherzig war, dem Kind jedoch auch

Grenzen setzte und es herausforderte. „Es war einfach selbstverständlich, dass meine Mutter, wenn irgendetwas schwierig war, geholfen hat, damit umzugehen." „Im Notfall ist da die Mutter, die hilft, die tröstet, die schimpft." Sie schilderte nicht eine idealisierte Mutter, sondern eine handfeste: „Sie hat mich auch immer wieder in den Senkel gestellt."

Als Doris acht Jahre alt war, hatte ihre Mutter einen Unfall. Sie ging „nur rasch" mit dem Fahrrad einkaufen, wurde von einem Lastwagen überfahren und war sofort tot.

„Wenn immer ich zur Mutter wollte, war sie einfach nicht da. Das war nicht ständig ein Problem, aber eben dann, wenn ich ihr etwas Schönes erzählen wollte, oder wenn ich einen Kummer hatte. Meine Geschwister wirkten auch irgendwie verloren. Ich erinnere mich, wie wir sagten, wir seien jetzt ganz auf uns selbst gestellt. Mein Vater war auch verstört, kaum ansprechbar, überfordert. Wir Geschwister rückten zusammen und fragten uns sogar, was wir denn mit dem Vater machen sollten."

Der Haushalt geriet aus den Fugen und dann kam der Großvater, der Vater der Mutter, der ebenfalls verwitwet war, ins Haus. So gab es wieder ein „Zentrum". „Großvater konnte gut kochen. Manchmal habe ich mich allerdings gefragt, wenn er so gute Sachen gebacken hatte, ob er vielleicht die verkleidete Hexe von Hänsel und Gretel sein könnte und uns mästen würde, um uns später aufzufressen."

Diese Fantasie kann man aus der Todeserfahrung erklären: Ein achtjähriges Kind erlebt einen plötzlichen, sein Leben total verändernden Tod als Einbruch von etwas unkontrollierbar Zerstörerischem. Das verunsichert fundamental. Die grundlegende Sicherheit, die das Kind zuvor fraglos hatte, ist verloren. Dieses Zerstörerische, das sehr schwer zu verstehen ist, wird, um es einigermaßen verstehen zu können, mit Bildern des Zerstörerischen in Verbindung gebracht, die das Kind schon vorher kannte, in diesem Fall mit dem Bild der verwöhnenden Hexe aus „Hänsel und Gretel", der man nicht trauen darf. Die Frage, die in dieser Fantasie versteckt ist, lautet: Darf man denn überhaupt noch auf etwas Gutes vertrauen in diesem Leben?

Dabei war es ganz wichtig, dass der Großvater wieder die Nahrung in die Familie brachte: vorher wurde kaum mehr gegessen. Sie erinnert: „Vater sagte, esst Schokolade oder was euch sonst gefällt. Er selbst hatte keinen Hunger. Der Großvater brachte mit seiner Nahrung das Leben zurück in unsere Familie, wir hatten auch wieder Freude am Essen. Das war vielleicht die erste Freude, die wieder zurückkam."

Sie erzählt weiter: „Irgendwie kam wieder äußere Ordnung in unser Leben; ich hatte den Großvater sehr gern, aber er war halt nicht die Mutter. Und ich fürchtete, er werde auch bald sterben. Er war ja alt. – Eigentlich war er nicht so alt, erst 66 Jahre damals, aber wenn man acht ist, ist das alt. Dabei lebt er noch heute."

Der Großvater hat die Lücke, die die Mutter hinterlassen hat, zu einem Teil gefüllt. Er hat die dramatische Trennung von der Mutter erträglich gemacht. Aber gerade weil er in dieser Situation so wichtig für das Kind war, befürchtete es auch seinen Tod, befürchtete es eine erneute Trennung.

Ich frage Doris, ob sie eine Episode erinnern kann, in der ihr die Mutter besonders fehlte.

Sie erinnert sich: „Ich wurde in der Schule ausgelacht, weil ich nicht aufgepasst hatte und nicht wusste was der Lehrer gefragt hatte. Ich fand das sehr ungerecht. Ich hatte halt geträumt. Ich stürzte ins Haus und wollte meinen Kummer bei der Mutter abladen: da fiel mir ein, dass sie ja nicht da ist. Mein Gefühl war: Ich bin ganz verlassen und verloren in dieser Welt. Niemand ist für mich da! Und dann wurde ich sehr wütend, ich hatte eine dumpfe Wut. Ich hatte dann auch eine Wut auf den Vater und den Großvater: Warum hatten sie es zugelassen, dass die Mutter gestorben war? Später hatte ich eine Wut auf den Tod. Deshalb habe ich wohl Medizin studiert – und ich will Unfallchirurgin werden ..."

Doris kann sich leicht in den Kindpol dieser Komplexepisode einfühlen:

„Ich bin einfach ungeheuer wütend. Ich war auch schon früher ein wütendes Kind. Ich habe jeweils wütend zur Mutter gesagt: ‚Das hättest du nicht machen sollen!' Später habe ich den Vater gefragt: ‚Warum hast du die Mutter sterben lassen?'

In der Identifikation mit diesem wütenden Kind fühle ich mich allein und ich suche ganz dringend andere Menschen."

Kann Doris sich aber auch mit der Mutter identifizieren, die sich plötzlich entzogen hat? Doris erinnert vor allem viele gute Erfahrungen mit der Mutter, die sie verinnerlicht hat.

„Ich kann mich in vielfältiger Weise mit meiner Mutter identifizieren: Ich kann bezogen sein auf andere Menschen, in einer guten Art zugewandt – das habe ich von meiner Mutter. Das hilft mir gut in meinem Beruf. Aber plötzlich bin ich dann wie nicht mehr da. Besonders in den sehr nahen Beziehungen. Mich gibt es plötzlich nicht mehr. Die anderen Menschen finden dann, ich würde mich ganz abrupt zurückziehen. Ich empfinde eher, dass ich verloren bin. Und dann kommt bei mir wieder die Wut. Ich bin zerstört – und andere erleben mich als zerstörerisch."

Wie sieht das im konkreten Leben aus? Eine Beziehung mit einem gleichaltrigen Mann bahnte sich an – eigentlich war es sehr schön, fand sie. Dann schrieb sie einen Zettel und legte ihn in sein Fach. Darauf stand: „Aus uns wird nichts." Der Mann stellte sie zur Rede, nannte sie zerstörerisch, reagierte nicht einfühlend. Er fühlte sich zerstört, fand, sie könne doch noch gar nicht wissen, ob sie eine Zukunft hätten – sie aber spürte bereits ihre Wut.

Diese und ähnliche Komplexepisoden konstellierten sich nur in nahen Beziehungen. Sie hatte viele Kontakte zu Freunden und Freundinnen, sie suchte früh intensive, auch sexuelle Beziehungen zu Gleichaltrigen. Sobald die Beziehung intensiver wurde, spürte sie diese intensive Wut – und sie brach die Beziehung ab. Die intensive Beziehungssuche stammt aus der Erfahrung, allein zu sein, Angst zu haben, und deshalb andere Menschen zu suchen, die im Umgang mit der Angst helfen. Ihre Beziehungsproblematik entsteht aus der Wirkung des Verlassenheitskomplexes. Wird eine Beziehung nah, werden offenbar Gefühle wach, die Doris an die Gefühle in der Beziehung zu ihrer Mutter erinnern. Doris identifiziert sich unbewusst mit dem Kindpol ihres Verlassenheitskomplexes. Wenn eine Beziehung so nah, so befriedigend zu sein verspricht, wenn sich eine ähnliche emotionale Stimmung, wie sie mit der Mutter erlebt wurde, einstellt, dann besteht auch die Gefahr, dass diese Beziehungsperson plötzlich wieder aus dem Leben verschwindet und Verzweiflung zurückbleibt; also besser sich darauf gar nicht einlassen. Die Wut, die mit dieser Komplexkonstellation verbunden ist, bringt eine Trennung und macht die gewünschte nahe Beziehung unmöglich – aber immerhin führt Doris diese Trennung selbst herbei, sie wartet nicht auf den Tod.

Doris schildert eine Komplexepisode und den Einfluss dieser Erfahrungen auf ihr Leben und ihre Berufswahl. Die Wut des verlassenen Kindes ist verständlich, auch wenn sie dysfunktional wird. Die Wut überdeckt die Trauer. In ihr äußert sich der Versuch, die Mutter zurückzubringen; doch noch zu bekommen, was sie braucht, es mit kindlichen Mitteln herbei zu trotzen. Der Tod kümmert sich aber nicht um die Wut. Doris entwickelte nicht eine Wut auf die Mutter – sie wollte sich unbewusst vermutlich die guten Erinnerungen an die Mutter bewahren. Sie richtet die Wut auf den Vater und den Großvater, da diese den Tod, so ihre letztlich vertrauensvolle kindliche Vorstellung, hätten vermeiden können. Die beiden haben das Vertrauen in ihre Omnipotenz enttäuscht. Doris tritt mit ihrer Berufswahl nun selber im Kampf gegen den Tod an.

Komplexe steuern auch unsere Interessen. Zu Beginn unserer Therapie war Doris auf dem Weg, Unfallchirurgin zu werden. Sie ist dann auch Ärztin geworden, allerdings keine Unfallchirurgin. Die Berufswahl ist Ausdruck ihres zentralen Komplexes. Dahinter steht wohl auch die Vermutung, dass die Mutter überlebt hätte, wenn sie nach dem Unfall besser versorgt worden wäre.

Eine zentrale Komplexepisode, wie die geschilderte, wird auch übertragen auf den therapeutischen Prozess. So fragte Doris recht bald nach Beginn unserer Arbeit: „Versprechen Sie mir, dass Sie während der Therapie nicht sterben werden?"

Ich verstehe ihre Frage dahingehend, ob sie sich auf mich einlassen könne oder ob sie eine Wiederholung ihrer traumatischen Lebenserfahrung befürchten müsse. Sie weiß natürlich, dass man nie wissen kann, wann man denn sterben muss. Dennoch muss sie die Frage stellen. Ich entschloss mich zu einer konkreten Antwort: „So viel ich weiß, bin ich gesund. Aber auch ich weiß nicht, wann ich sterben werde. Sie müssen das Risiko auf sich nehmen." Dann sage ich ihr weiter: „Ich werde auch nicht immer da sein, aber ich werde immer wiederkommen. Und auch Sie werden weggehen und wiederkommen. Und Sie werden immer einmal eine dumpfe Wut haben und mich verlassen wollen. Dann werden wir darüber sprechen. Wir werden dann wahrscheinlich in einen Trauerprozess eintreten. Und: Wenn ich nicht sterben darf während unserer Therapie, dann möchte ich aber auch, dass Sie die Therapie nicht sterben lassen." Ich schlage ihr vor, dass wir uns gegenseitig zunächst für ein halbes Jahr aushalten. Wir arbeiteten schließlich wesentlich länger miteinander. Es gab jedoch immer wieder die Situation in der Therapie, in der ich sie aus meinem Gefühl „verlor" und sie „innerlich auswanderte", sie plötzlich weit weg war, nicht mehr fassbar, und ich dann bald ihre dumpfe Wut spürte. Auf meine Frage, was ihr in solchen Situationen gerade durch den Kopf gehe, spricht sie oft von „Verlorenheit". Jung[34] sprach in diesem Zusammenhang von abgespaltenen Komplexen, die durch traumatische Erfahrungen verursacht werden. Heute spricht man in diesem Zusammenhang von Dissoziation. Ich konnte sie jeweils auf die Wut ansprechen, die ich spürte, und wir konnten die Verlorenheit und die damit verbundene Wut mit der Komplexepisode in Verbindung bringen, die wir bearbeiteten. Die Trauer[35], die hinter der Wut steckte, konnte

Im Notfall ist da die Mutter, die hilft, tröstet, schimpft

„verloren"   stirbt

---

[34] Jung Carl Gustav, GW 8 § 204
[35] Kast Verena (1982) Trauern. Phasen und Chancen des psychischen Prozesses. Stuttgart
Kast Verena (1994) Sich einlassen und loslassen. Neue Lebensmöglichkeiten bei Trauer und Trennung. Freiburg im Breisgau

nun erlebt und bearbeitet werden. Bei der Verarbeitung der Trauer ging es vor allem darum, die für sie stützenden und hilfreichen Beziehungserfahrungen mit ihrer Mutter zu erinnern, und dabei auch zu erfahren, was die Mutter in ihr belebt hatte, und was sie nicht verloren geben musste, auch wenn sie die Mutter verloren hatte. Die Folge davon: sie spürte den Reichtum ihrer Beziehung zu ihrer Mutter, und gleichzeitig spürte sie den großen Verlust.

Ein ihre Zukunft prägendes Lebensthema war:
„Ich nehme das Risiko auf mich, zu vertrauen, obwohl es den Tod gibt."
Und im Zusammenhang damit:
„Ich will das Vertrauen riskieren, dass andere Menschen nicht einfach aus meinem Leben verschwinden."

Ein weiteres zentrales Lebensthema:
„Ich will gegen den Tod kämpfen."
Zunächst war das ganz konkret auf ihren Beruf als Ärztin bezogen. Später suchte sie entschlossen Lebenssituationen, die sie als vitalisierend erlebte, und Menschen, die für sie lebendig waren, und in deren Gegenwart sie sich auch lebendig fühlte.

Dann beschloss sie, besser mit ihrer Wut umgehen zu lernen. Ich hatte sie einmal darauf hingewiesen, Wut sei doch eigentlich eine wunderbare Kraft. Sie selber fand ihre Wut immer nur schrecklich. Im Ärger und im gesteigerten Ärger, der Wut, steckt sehr viel Energie. Diese kann auch vitalisierend sein. Die Wut kann man nicht nur zum Zerstören, sondern auch zum Gestalten führen. Wie konnte sie lernen, konstruktiver mit der Wut umzugehen? Erlebte sie diese dumpfe Wut in Beziehungen, so erklärte sie, sie müsse jetzt eine gewisse Zeit für sich selbst sein. Sie konnte dann darüber nachdenken, ob sich jetzt für sie zu viel Nähe ereignet hatte und dadurch ihre Komplexepisode konstelliert wurde. Die Wut wurde immer mehr auch zu einem Thema, über das sie mit näher stehenden Menschen sprach. Wenn das Sprechen nichts bewirkte, ging sie joggen. Später fand sie, vielleicht könnte man die Wut noch produktiver einsetzen: Sie begann, Steine zu behauen. Sie musste die Wut nicht mehr sofort ausagieren. Sie wusste: Es wird wieder einmal Zeit, Steine zu behauen. Anschließend konnte sie dann mit den beteiligten Menschen über ihre Wut sprechen.

Je besser sie in engen Beziehungen spürte, was in ihr vorging, je besser sie auch ihre Gefühle, vor allem auch die Ängste formulieren konnte, desto verlässlicher wurde sie in den Beziehungen, umso mehr Vertrauen zu anderen Menschen, aber auch zu sich selber, wurde möglich. Die Wut trat in den Hintergrund: im Vordergrund war ein aktives Leben, in dem es immer darum ging, dem Tod so viel an Leben als möglich abzutrotzen.

„Ich bin immer für andere da, aber für mich ist nie jemand da"

Eine 38-jährige Frau, Sozialarbeiterin, ich nenne sie hier Rita, leidet immer wieder unter länger anhaltenden depressiven Verstimmungen. Sie hat schon einige Klinikaufenthalte hinter sich. Nach einem Klinikaufenthalt entschließt sie sich, eine Psychotherapie zu machen. Ihr Therapieziel: „Ich lebe unter meinen Möglichkeiten, das möchte ich eigentlich nicht." Damit formuliert Rita bereits ein zentrales Lebensthema: „Ich möchte die Möglichkeiten leben, die ich habe." Sie möchte sich so weit verwirklichen, als es möglich ist.

Rita beschreibt ihre Depressionen: „Ich schleppe mich dann zur Arbeit, oder ich gehe überhaupt nicht mehr hin. Alles ist mir zu viel, ich weiß nicht mehr, wofür ich lebe, es ist alles so sinnlos.

Nichts bedeutet mir etwas, nichts interessiert mich, nichts freut mich. Ich kann nicht schlafen. Wenn ich wach liege, denke ich immer daran herum, was ich falsch gemacht habe. Meine Mutter war schon depressiv – das ist wohl geerbt, vielleicht kann man gar nichts dagegen tun. Was mich besonders stört: Ich mache viel für andere Menschen, sie mögen mich auch gern, aber mir genügt das nicht mehr."

Rita erzählt, dass sie „halt immer" für ihre depressive Mutter da sein musste. Ich fragte sie, wie ich mir das konkret vorzustellen hätte, und sie schildert eine erweiterte Komplexepisode.

An dieser Stelle ist daran zu erinnern, dass Komplexepisoden generalisierte Episoden sind. Verschiedene emotional ähnliche Erfahrungen werden in eine Erinnerung gepackt. Es muss also nicht genau so gewesen sein, aber es war immer wieder einmal ähnlich. Emotional stimmen diese Erinnerungen jedoch, sie fassen auf präzise Weise prägende emotionale Erfahrungen.

„Ich war zwischen acht und zehn Jahre. Ich kam aus der Schule nach Hause und wollte meiner Mutter etwas erzählen. Die Mutter hört nicht zu. Das kannte ich schon – deshalb wollte ich weg, in mein Zimmer oder so. Die Mutter sagte: ‚Nein, bleib bei mir, erzähle mir etwas, halte mich' – oder so ähnlich.

Ich: ‚Bist du krank?'
Sie: ‚Ein wenig.'
Ich: ‚Soll ich es dem Vater sagen?'
Sie: ‚Er weiß es schon.'

Der ältere Bruder, er war damals dreizehn oder vierzehn Jahre, kommt in die Küche. Ich bin erleichtert. Er wirft einen Blick auf die Mutter und sagt: ‚Sie hat wieder ihre Launen' – und geht weg.

Mir war, als hätte mir jemand den Boden unter den Füßen weggezogen. Die Mutter war mir unheimlich, ich hatte Angst, aber ich musste doch etwas für sie tun. Ein Gefühl von Gefordertsein: Ich musste sie halten. Aber wie? Der Vater weiß, aber ist nicht da. Der Bruder weiß auch, distanziert sich mit einer kränkenden Bemerkung. Irgendwie hatte ich das Gefühl, dass wir Frauen dieses Problem lösen mussten. Aber wie? Irgendwie habe ich es meistens geschafft – aber ich weiß nicht so recht, wie."

Die Mutter hört nicht zu, das Kind will dies akzeptieren und weggehen, doch die Mutter lässt es nicht gehen und gibt ihm eine diffuse Verantwortung, die es sicher nicht wahrnehmen kann.

Rita versetzt sich in die beiden Pole des Komplexes hinein. Sie kann sich gut mit sich als Kind in dieser Situation identifizieren: „Ich möchte etwas erzählen, ich möchte, dass die Mutter für mich da ist. Ich bleibe mit dem, was ich erzählen will, allein. Das macht wütend, dann bekomme ich Angst, vor allem, weil ich nicht weggehen darf. Es ist – so würde ich heute sagen – ein ganz starkes Gefühl der Ohnmacht. Ich bin auch irritiert. Ich habe eine Wut. Niemand hilft. Vor allem der Bruder nicht, der hat sich immer aus dem Staub gemacht."

Sie kann sich auch gut in den Mutterpol der Komplexepisode einfühlen: „Das erlebe ich jetzt auch häufiger. Mir ist es jetzt auch oft zu viel, zuzuhören, was die anderen sagen." In der Identifikation mit der Mutter sagt sie: „Ich kann nicht zuhören, das ist mir zu viel. Aber das Kind soll auch nicht weggehen. Solange es noch da ist, ist etwas um mich herum lebendig." Rita versteht, dass sie in diesen Situationen, und davon hat es viele gegeben, für die Mutter die Brücke zum Leben war.

Ritas zentrales Lebensthema ergab sich vor allem aus der Identifikation mit dem Kindpol des Komplexes: „Ich will anderen helfen, am Leben zu bleiben. Ich will anderen die Brücke zum Leben sein."

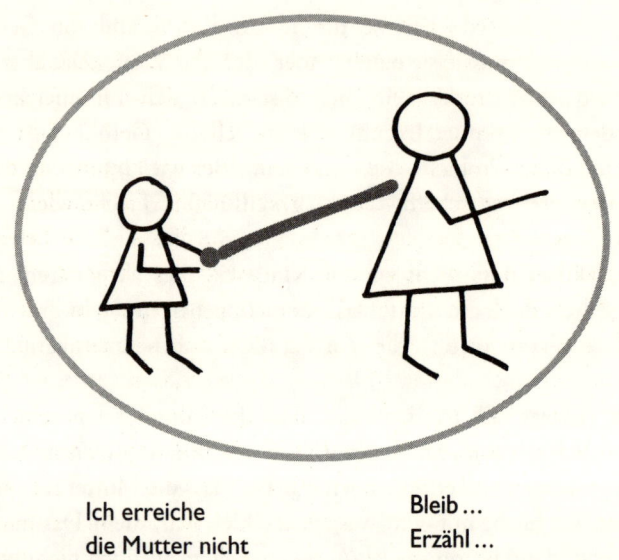

| Ich erreiche | Bleib ... |
| die Mutter nicht | Erzähl ... |

Sie wollte lernen, wie sie in solchen Situationen die Ohnmacht und die Angst vermeiden kann. Sie wurde Sozialarbeiterin und arbeitet vor allem mit Menschen mit psychischen Schwierigkeiten, besonders mit Suizidanten und Suizidgefährdeten. Ihre persönlichen Beziehungen sind vor allem Helferbeziehungen: Dabei kommt sie jedoch selber zu kurz. „Ich helfe anderen Menschen." – „Ich habe in Beziehungen das Gefühl, dass jederzeit der Boden, auf dem man steht, weg gezogen werden kann – und dann muss ich ohne Hilfe wieder einen Boden herstellen – vor allem für einen anderen Menschen. Mir hilft nie jemand."

Rita ist identifiziert mit ihrem zentralen Komplex. Das Lebensthema „Ich will anderen helfen, am Leben zu bleiben", das sich daraus entwickelte, und das helfen sollte, niemals mehr die Ohnmacht zu erleben, die sie als Kind erlebt hatte, ist übergeneralisiert. Ritas Leben wurde dadurch auf dieses eine Lebensthema eingeengt, das keine Befriedigung mehr gibt und auch nicht mehr sinnvoll erscheint. Andere, ebenfalls mögliche Lebensthemen sind auf der Strecke geblieben. Auch ist dieses eine Lebensthema vor allem auf den Umgang mit anderen Menschen zugeschnitten. Eigene Bedürfnisse können dabei leicht zu kurz kommen. Jedenfalls ist ein Verlust an vitalen Lebensthemen festzustellen, das spürt auch Rita. Deshalb kann sie sagen, dass sie ihre Lebensmöglichkeiten nicht ausschöpft. Es gehört zur depressiven Erkrankung, dass wichtige vitale Lebensthemen nicht gelebt werden können. Es ist wohl an der Zeit, andere Lebensthemen zu ihrem Recht kommen zu lassen. Auf die Frage, ob sie denn als Kind Vorstellungen gehabt habe, was sie einmal mit ihrem Leben machen wolle, fiel ihr bloß ein, dass sie Krankenschwester werden wollte. Die Lebenssituation mit ihrer Mutter war so bestimmend, dass auch ihre Fantasie davon eingeengt war. Es ist aber auch möglich, dass sie, noch immer bestimmt durch die depressiven Gefühle, die Vergangenheit nur in der Einengung erinnern kann.

Wir suchen Lebensthemen, die auf dieser einschneidenden Erfahrung mit der Mutter beruhen, die aber auch für Rita selber wesentlich sein könnten, und nicht in erster Linie für andere Menschen.

In der Identifikation mit der Mutter der Komplexepisode schälen sich folgende Lebensthemen heraus:
„Ich will sagen dürfen, wenn mir etwas zu viel wird."
Und:
„Ich will für meine eigene Lebendigkeit sorgen".
Vor allem aber:
„Ich möchte einen eigenen Boden haben dürfen, ich habe das Recht darauf einen eigenen Boden zu haben."

Was ist das aber, ein eigener Boden?
Was ist das, die eigene Lebendigkeit?

In der Identifikation mit dem Kind der Komplexepisode sagt sie dazu: „Einfach einmal das tun, was mir gefällt. Ich glaube, ich möchte einen Tag lang einmal einfach kindisch sein, eigentlich möchte ich mich einfach wieder einmal freuen können, hemmungslos freuen. Ich möchte Pläne, die ich habe, nicht ständig verwerfen, ich möchte an ihnen herumfantasieren, auch wenn sie nicht mehr zu verwirklichen sind, oder auch dann, wenn ihre Ausführungen meine Kräfte übersteigen. Sollen doch einmal die Böden einbrechen, vielleicht hält dann doch noch irgendetwas!"

Rita will es sich letztlich erlauben, Lebensthemen zum Bewusstsein kommen zu lassen, sich selber zu spüren in ihren Wünschen, die sie noch gar nicht wirklich auszuformulieren vermag. „Ich will, bevor ich sterbe, zumindest herausfinden, was ich vom Leben will." Das ist gut so. Es wäre wahrscheinlich ein Leichtes gewesen, ihr einige plausible Lebensthemen einzureden. Aber das Problem von ihr ist es ja gerade, dass sie selber herausfinden muss und auch darf, welche Lebensthemen zu verwirklichen ihr wirklich Freude machen könnten, welche sie selber als sinnvoll erlebt. Das eigene Leben leben wollen, die eigenen Gefühle spüren, herausfinden, was sie wirklich trägt im Leben – das waren die Themen, die sich im Laufe der Therapie immer mehr konkretisierten. Dabei wurde es für sie wichtig, herauszufinden, was ihr selber Freude machte. Sie gab sich immer noch große Mühe, die anderen Menschen zu erfreuen, aber ihre eigene Freude wurde ihr zunehmend ebenfalls wichtig. So wurde ein Lebensthema unter anderen: „Ich freue mich an der Freude der anderen, aber ich suche auch, was mich selber – ohne die Freude anderer Menschen – tief innen erfreut."

Dass die Freude, und auch die Suche nach der Lebenslust für Rita so wichtig wurde, lässt darauf schließen, dass ihre depressive Erkrankung auch damit zu tun hat, dass in ihrem Leben zu wenig Freude, zu wenig Lust erlebbar war.

Es handelt sich bei Rita um eine komplizierte Form des Verlassenwerdens: Ihre kindlichen Bedürfnisse, etwas zu erzählen, wurden von der Mutter nicht wahrgenommen. Die Mutter war zwar körperlich anwesend und dennoch innerlich abwesend. Das ist eine irritierende Situation für ein Kind. Rita fühlte sich verlassen, obwohl ihre Mutter vor ihr stand. Sie durfte aber auch nicht sich in ihren Raum zurückziehen, sie musste sich um ihre Mutter kümmern, die sich sonst selber abgrundtief verlassen gefühlt hätte, einer großen Leere und Unlebendigkeit ausgeliefert. Falls Rita darüber ärgerlich oder wütend war, konnte sie diese Gefühle nicht ausdrücken, denn sie musste sich ja um die Mutter kümmern, die sich in einer beängstigenden Situation befand. Auch vom Bruder kam keine Hilfe, er verließ das Zimmer sofort wieder und damit auch Rita. Von ihm wurde sie in ihrer Hoffnung enttäuscht, zu zweit vielleicht der Mutter helfen zu können. Das Gefühl, dass ihr durch die Reaktion des Bruders der Boden unter den Füßen weggezogen wurde, zeigt, dass sie sich symbolisch gesehen auch nicht mehr auf den Boden unter den Füßen verlassen konnte, sich in der Luft befand, also auch verlassen vom Vertrauen, dass es letztlich doch etwas Tragendes gibt im Leben, dadurch auch erlebbar, dass ein anderer Mensch ihr in dieser Situation beisteht.

Aber nicht ihre Enttäuschung und ihre Wut gewannen Oberhand, sondern die Notwendigkeit, ihrer Mutter zu helfen, so gut das ging. Insofern hat sie sich von ihrer Enttäuschung, Not, Ohnmacht und vielleicht auch Wut distanziert und sich in die Bedürfnisse der Mutter eingefühlt. Dieses Beziehungsmuster, von eigenen Bedürfnissen fast gänzlich abzusehen und die Bedürfnisse anderer zu erfüllen, hat sie im späteren Leben perfektioniert. Das gab ihr zwar eine Daseinsberechtigung, sie nahm aber ihre eigenen Bedürfnisse zu wenig wahr, sie hat sich und ihre Bedürfnisse „verlassen" – und das kann zu einer depressiven Struktur führen.

Für Rita wurde es im Laufe der Therapie und durch das Bewusstwerden von Lebensthemen, die ausstehen, immer wichtiger, ihre eigenen Bedürfnisse wahrzunehmen. Dabei ging es um „kleine Dinge", wie sie es nannte, wie etwa, dann einen Kaffee zu trinken, wenn es gerade für sie stimmte, und nicht zu warten, bis ein anderer Mensch diesen Wunsch äußerte. Einem Freund, der sie immer dann besuchte, wenn er sich „geschlagen" fühlte, riet sie, eine Therapie zu machen und sie auch einmal zu besuchen, wenn es ihm gut gehe. Der Freund war gekränkt und ärgerlich, und sie erklärte ihm, dass sie im Leben eines Freundes auch vorkommen wolle, da es sonst keine Freundschaft sei. Sie ertrug, dass er sie zunächst nicht verstand. Für sie war unabdingbar nötig, sich selber nicht zu verlassen, das heißt, ihre Gefühle und ihre Bedürfnisse wahrzunehmen. Egoistisch wurde sie dadurch nicht: Ihre Empathie vor allem mit leidenden Menschen blieb in hohem Maße erhalten, aber sie sorgte dafür, dass sie in ihrem Leben ebenfalls vorkam. Und das bekam ihr gut. Nach und nach entwickelte sie immer mehr eigene Interessen, denen sie nachging und die sie verwirklichte – und sie fand schließlich, sie lebe jetzt nicht mehr so sehr unter ihren Möglichkeiten.

„Ich kann jeden verstehen, der mich verlässt"

Eine 35-jährige Frau, ich nenne sie hier Helga, sagt von sich:
„Ich kann nicht glauben, dass jemand mich wirklich attraktiv findet. Ich kann jeden verstehen, der mich verlässt. Ich bin einfach grau und belanglos."

Auf die Frage, ob sie einmal von einem für sie wichtigen Menschen verlassen worden sei, erzählt sie:
„Als ich zehn Jahre war, hat der Vater unsere Familie verlassen und ist zu seiner anderen Familie gezogen. Ich war Vaters Lieb-

ling, das heißt, ich hatte mich bis zu diesem Zeitpunkt als Vaters Liebling verstanden. Das stimmte wohl nicht. Vater hatte fast gleichaltrige Kinder mit einer anderen Frau, wir wussten aber nichts davon. Er hat von uns verlangt, wir sollten die neue Frau und die neuen Geschwister lieben. Ich fühlte mich mit Mutter und Schwester abgestellt, zurückgestellt – die anderen waren mehr wert, bedeuteten meinem Vater mehr. Ich war auch sehr identifiziert mit meiner Mutter, die gar nicht so richtig erbost war, und ich lebte die Wut auch für sie – so meinte ich wenigstens. Ich schrie den Vater an, wenn er mich halten wollte und kratzte und biss ihn. Später hat die Mutter uns erzählt, dass sie zwar traurig und gekränkt war, aber auch froh, dass endlich klare Verhältnisse herrschten und sie ihr Leben nun nach ihrem Geschmack gestalten konnte. Aber das hat sie uns damals nicht gesagt. Sie reagierte nur so lau.

Ich beschloss, unsere Schmach irgendwann zu rächen. Aber das durfte ich nicht. Denn der Vater warf uns vor, herzlos, lieblos, nicht großzügig zu sein. ‚Es hat sich nichts verändert, mein Schatz, nur, dass ich jetzt nicht mehr bei euch wohne. Du bist mir genau so wichtig wie zuvor.'" – Das zitierte Helga mit hämischem Ton in der Stimme. Und weiter: „Natürlich hatte sich etwas verändert. Alles hatte sich verändert!"

Helga identifiziert sich, wenn sie in Beziehungen tritt, mit dem Kindpol ihres Verlassenheitskomplexes. Im Vordergrund steht dabei ihr Gefühl des Unwerts: Die Trauer und der Schmerz um die verratene Liebe zum Vater verdichtet sich im trotzigen Gefühl ihres Unwerts. Sie identifiziert sich aber auch mit dem Vater, den sie als verachtend fantasiert. („Ich verstehe jeden, der mich verlässt.") Sie identifiziert sich mit dem Angreifer. Sie sagt: „Er hat mit seinem Verhalten deutlich gezeigt, dass ich, meine Schwester und meine Mutter keinen Wert haben. Das hat sich bei mir tief eingeprägt."

Natürlich ist mit dieser Geschichte auch ein tiefes Misstrauen dem Leben und sich selber gegenüber verbunden. Wie konnte der Vater, den sie so sehr geliebt hatte, eine zweite Familie haben? Wie konnte sie das übersehen, sie, die ihn doch so gut zu kennen meinte? Dieses umfassende Misstrauen stand aber zunächst nicht im Vordergrund, sondern die Identifikation mit dieser Komplexkonstellation als ganzer: Sie fühlte sich unwert und sie entwertete sich. Sie verließ sich selber, indem sie sich selber des Unwerts bezichtigte. Sie war in ihrem Beziehungsverhalten aber ihrem Vater recht ähnlich: Sie band sich und verließ – ganz nach ihrer Lust und Laune. Sie stellte sich als Opfer dar, war aber ebenso Täterin: Das war wohl die Rache, die sie sich als Kind versagt hatte.

Beim Einfühlen in den Vaterpol der erzählten Komplexepisode lässt sie den Vater sagen: „Ich verlasse, wann ich will, ich binde mich, an wen ich will – passt das jemandem nicht, dann hat er oder sie Pech gehabt. Ich verlange Großzügigkeit. Ich war enttäuscht von meiner Tochter, dass sie das Ganze so dramatisch und kindisch verarbeitet hat …"

Als sie wahrnimmt, was sie gesagt hat, ist sie empört über die ungeheure Gefühllosigkeit des Vaters. Er hat ihre Gefühle überhaupt nicht ernst genommen. Hat sie sich in ihm getäuscht? War er gar nicht dieser einfühlsame, liebevolle Vater, als den sie ihn bis zum Alter von zehn Jahren in Erinnerung hatte? Vielleicht sah ihn die Mutter realistischer, die ihn für einen schrecklichen Egoisten hielt. War sie selber nun auch so egoistisch, da sie sich in Beziehungen doch sehr ähnlich verhielt, allerdings ohne Familien zu gründen? Indem sie sich mit dem Vater der Komplexepisode, der als Angreifer auftrat, identifizierte, konnte sie sich ihre Nähe zu ihm erhalten. Die Wut lebte sie nur in der Identifikation mit Mutter und Schwester – gleichsam stellvertretend für die beiden, die selber keine rechte Wut aufbrachten.

In der einfühlenden Erinnerung an dieses Verlassenwerden spürte sie ihre eigene Wut und ihre eigene Trauer. Für sich selbst durfte sie nicht wütend sein, weil der geliebte Vater ihr das verboten hatte. Die Wut „für die Mutter" war für sie ein Kompromiss – für den Vater wohl nicht, er dürfte nicht mitbekommen haben, dass seine Tochter „nur" stellvertretend wütend war.

In der erneuten Einfühlung in den Kindpol der Komplexepisode, die nun durch die Erzählungen und das Gespräch schon wesentlich erweitert war, spürte sie ihre Wut und ihre Verzweiflung: „Der Vater hätte meine Verzweiflung und meine Wut ernst nehmen und aushalten müssen. Wenn er schon so ein verrücktes Leben leben will, kann er doch nicht einfach fordern, dass wir anderen mitspielen."

Aus dieser Erfahrung formulierte Helga das Lebensthema:
„Ich will meine Gefühle und die Gefühle anderer ernst nehmen."
„Ich will versuchen, andere Menschen nicht zu verachten."
„Ich will verantwortlich mit Beziehungen umgehen."

Sie wunderte sich aber auch, wie leicht sie sich mit dem Standpunkt des Vaters identifiziert hatte, und sich so gründlich und grundsätzlich für lange Jahre den Wert hatte absprechen lassen. Dies sah sie in Zusammenhang damit, dass sie ihre eigenen Gefühle nicht ernst genommen hatte. Daraus formulierte sie noch ein für sie wichtiges Lebensthema:

„Ich lasse mir meinen Wert von anderen nicht aberkennen, ich denke selber darüber nach, ob das, was ich mache, wertvoll ist."

„Mit meiner Freude bleibe ich allein"

Ein 42-jähriger Mann, ich nenne ihn hier Paul, von Beruf eine Art Entertainer reagiert eigentümlich auf Erfolg: „Wenn ich einen größeren Erfolg habe, falle ich in ein Loch, ich bin verzweifelt, alles ist uninteressant, und ich trinke dann exzessiv. Ich bin überzeugt, alle haben sich geirrt und ich bin gar nicht gut. Nach einem mittleren Erfolg habe ich das weniger, keinen Erfolg zu haben, ist auch kein Problem. Da gehe ich ruhig nach Hause." Das erstaunt. Denn keinen Erfolg zu haben, das stellt für einen Entertainer normalerweise ein Problem dar.

Wir haben uns darauf geeinigt, eine tiefenpsychologisch orientierte Psychotherapie durchzuführen. Wir arbeiten mit Träumen, mit Erinnerungen, setzen uns mit aktuellen Problemen auseinander und versuchen, Träume, Erinnerungen und neue Erfahrungen, die er in der Therapie macht, mit diesem Problem, das er lösen möchte, in Beziehung zu setzen.

Eine einschneidende Erfahrung aus seiner Jugendzeit geht Paul nicht aus dem Sinn. Er bringt sie vorerst nicht mit seinem Problem in Beziehung. Für ihn ist es einfach ein Erlebnis, das immer noch präsent ist, ihm immer wieder einmal einfällt; er spricht gelegentlich auch darüber, wenn er demonstrieren will, wie wenig er in seine Familie gepasst hat.

„Ich kam nach Hause, ich war gerade der schnellste Schüler unserer Stadt geworden – ich hatte den Stadtwettkampf im Schnelllauf gewonnen, und darüber wurde auch in der Zeitung mit einem Bild berichtet. Ich war damals zwölf Jahre alt.

Nach dem Wettkampf stürzte ich also nach Hause. Ich war sehr stolz, erzählte der Familie, dass ich gewonnen hatte, dass es am nächsten Tag in der Zeitung stehen würde, dass ich ein Leichtathletik-Star werden würde, dass man mich aufgefordert habe, dem Leichtathletikclub beizutreten – so ein Talent müsse doch gefördert werden ... Ich habe das mehrere Male erzählt, habe es wahrscheinlich immer mehr ausgeschmückt, und ich wurde dabei bestimmt immer lauter.

Mutter sagte: ‚Spitzensport ist ungesund.' Der Vater sagte: ‚Mach, was du willst.' Dann geht er ohne jede weitere Bemerkung weg. Die Schwester sagte: ‚Typisch du, geistlos bis dort hinaus!'

Ich fühlte mich wie ‚abgelöscht'. Für mich dachte ich, ich möchte doch, dass die andern sich mitfreuen, dass sie Anteil haben an meiner Freude, und die gehen einfach weg. Wenn ich mich in diese Situation zurück versetze, weiß ich noch heute, was ich fühlte: Niemand schätzt mich, niemand liebt mich, niemand freut sich mit mir, niemand kümmert sich um mich. Offenbar hätte ich gewollt, dass der Vater meinen Erfolg zur Kenntnis nimmt."

Wie sieht die Komplexepisode aus?

Wie erlebt Paul sich in der Identifikation mit den beiden Polen der Komplexepisode?

In der Identifikation mit sich als dem zwölfjährigen Wettkampfgewinner formuliert er:

„Ich freue mich, ich strahle, bin stolz, ich möchte, dass die Anderen Anteil nehmen, sich auch freuen; ich möchte bewundert werden, zumindest möchte ich, dass sie sich für mich interessieren. Ich möchte, dass wir miteinander feiern. Ich bin so zufrieden mit mir und der Welt."

In der Identifikation mit Eltern und Schwester:

„Der nervt, ist größenwahnsinnig, will ständig bewundert werden. Wir können so viel Glanz nicht ertragen. In unserer Familie ist man aber nicht neidisch, man findet bloß alles andere viel wichtiger. Wenn jemand Erfolg hat, wenden wir uns unseren eigenen wichtigen Dingen zu, so vermeiden wir den Neid ..."

Wie hat Paul auf dieses Desinteresse reagiert? Der Theorie gemäß würde man erwarten, dass er mit Scham reagierte. Wenn wir uns in der Freude zeigen, uns vielleicht auch etwas größer machen als wir sind, und die anderen Menschen diese Freude nicht teilen können, fühlen wir uns beschämt.

Paul sagt: „Ich war einfach wütend. Ich habe mir gesagt: Ich interessiere mich in Zukunft nur für mich selber, und ich habe immer versucht – nicht in meiner Familie – sehr interessant zu sein."

„Später habe ich gelernt, von meinen Erfolgen, von denen es viele gab, nicht nur auf dem Gebiet des Sports, nur noch sehr unterkühlt zu sprechen, manchmal sagte ich gar nichts. Dann las meine Schwester in der Zeitung, dass ich einen Wettkampf gewonnen hatte. Das war dann auch wieder nicht recht. Sie fand zwar, Sport sei einfach nicht hochgeistig, aber etwas sagen hätte ich schon können. Sie findet auch meinen Beruf zu banal."

Durch die Identifikation mit dem Jungen, der er war und durch das Einfühlen in den Zwölfjährigen seiner Komplexepisode fällt ihm auf, wie sehr er sich auch heute noch danach sehnt, Menschen zu finden, die sich mitfreuen, ohne dass er die Freude verdecken oder im Alkohol ersäufen muss.

Als er sich mit dem Pol des Komplexes, der durch die Eltern und die Schwester personifiziert wird, identifizierte, fiel ihm auf, dass er insgeheim wirklich so wie diese über seine Arbeit und seinen Erfolg urteilt: Erfolg bei einer geistlosen Unternehmung. Er verachtet auch andere Personen, die im gleichen Business tätig sind, obwohl ihm seine Arbeit Freude macht, ihn interessiert und herausfordert.

Paul versteht: Wenn er nach einem Erfolg in ein Loch fällt, ihn dieser Erfolg nicht mehr interessiert, er also nicht in Gefahr ist, sich über diesen Erfolg zu freuen und zu erwarten, dass andere sich mitfreuen, dann ist er kein Neiderreger mehr, dann bleibt das „Wir-Gefühl" erhalten, nach dem er sich so sehr sehnt. Aber er hält dieses Loch nicht aus, muss es mit Alkohol „auffüllen." So kann er zwar seine Freude nicht teilen und er bekommt nicht die Anerkennung, auf die er durchaus ein Anrecht hat, aber er ist wenigstens nicht ausgestoßen und wird nicht beneidet. Er versucht auf eine etwas verquere Weise, sich seine Freude zu erhalten. Seine ihm unerklärliche Reaktion auf Erfolg ist Ausdruck eines Kompromisses: Zuerst hat er den Erfolg, dann nimmt er sich die Freude daran. Er fühlt sich dann zwar nicht mehr ausgestoßen, stößt sich allerdings in einer gewissen Weise selber aus seiner Freude. Eigentlich schämt er sich seines Erfolges, fällt in ein Loch, verschwindet in einem Loch – wenn wir uns schämen, möchten wir am liebsten in einem Loch verschwinden –, trinkt – und schämt sich dann, weil er trinkt. Die Kollegen finden seine Alkoholexzesse nicht schlimm; das Ausmaß seines Alkoholexzesses gilt ihnen als Maß für seinen Erfolg.

Insgeheim – und das zeigt die Identifikation mit dem Komplex als ganzem – hat er auch eine leise Verachtung für das, was er tut. „Ich höre immer noch das ‚geistlos' von meiner Schwester." Diese Schwester ist unterdessen älter geworden, und sie scheint auf ihren Bruder auch stolz zu sein. Aber so eine Verschreibung aus der Kinderzeit kann man bewahren bis ins Grab. Doch man muss sie nicht bewahren.

Neid und Anerkennung

Paul hat das Thema des Neides in seiner Herkunftsfamilie im Zusammenhang mit der Komplexepisode angesprochen. In dieser Familie war man nicht neidisch. Nun ist man jedoch nicht einfach nicht neidisch, weil man sich entschlossen hat, nicht neidisch zu sein. Es ehrt die Familie, dass die Familienmitglieder erkannten, dass neidisch zu sein ein Problem ist. Offenbar wollten sie nicht neidisch, nicht destruktiv, sein. Doch sie nahmen ihren – dennoch vorhandenen – Neid nicht zur Kenntnis, fragten sich nicht, welche Aufforderung in ihm steckte. Stattdessen verdrängten sie den Neid, spalteten Situationen ab, die in ihnen Neid erregten, und zerstörten so dem Sohn und Bruder die Freude über seine Leistung. Wichtiger aber noch: Sie impften ihm ein, dass er kein Neiderreger sein durfte, also entweder keinen Erfolg haben oder die Freude über den Erfolg nicht zeigen durfte. Den Erfolg ließ er sich zwar doch nicht nehmen, aber dieser Erfolg verwandelte sich unter der Hand in einen Misserfolg, da er zu einer für ihn sehr beschämenden Situation führte. Im beruflichen Umfeld von Paul spielte der Neid eine große Rolle. Ein „vernünftiger" Umgang mit Neid wäre sehr wichtig gewesen.

„Keiner und keine anerkennt die Leistung des anderen wirklich – man gratuliert sich mit zusammengebissenen Zähnen …"

Es dürfte also schwierig werden, in diesem Umkreis jemanden zu finden, der sich mitfreuen kann, bei dem nicht der mehr oder weniger verschwiegene Neid und das daraus sich ergebende Verhalten, die Freude zum Erlöschen bringt.

Das Lebensthema, das durch diese Komplexkonstellation zu einem Lebensproblem wird, kann leicht eruiert werden, wenn man die Wünsche des Zwölfjährigen ernst nimmt und sie ergänzt.

Ein zentrales Lebensthema könnte heißen:

„Ich möchte etwas leisten, zu meiner Freude und auch zur Freude von anderen Menschen, und ich möchte die Freude über diese Leistung mit anderen teilen, möchte mit ihnen feiern – als sichtbares Teilen von Freude und Anerkennen meiner Leistung. Und ich möchte auch die Leistungen anderer Menschen so sehen können und ihre Freude mit ihnen teilen."

Außerdem möchte er etwas „Geistvolles" machen in seinem Leben, nicht etwas „Geistloses".

Es ist nicht nur das Thema des Mitfreuens über eine gelungene Leistung, es ist auch das Thema des grundsätzlichen Anerkanntwerdens. Forschungen[36] belegen, dass wir ein gutes Selbstwertgefühl aus unseren Leistungen beziehen, vorausgesetzt, diese werden von anderen Menschen und auch von uns selbst gesehen und anerkannt. Darüber, dass Anerkanntwerden ein Grundbedürfnis der Menschen ist, informierte ich ihn und wies ihn auch auf die Forschungsergebnisse hin. Daraufhin meinte er, das Thema des Anerkanntwerdens sei ein Grundproblem in seiner Herkunftsfamilie: „Mein Vater ist nicht anerkannt worden, meine Mutter sowieso nicht, meine Schwester damals auch nicht. Heute schon. Sie hat dafür gesorgt." Es wird hier deutlich sichtbar, dass wir, wenn wir mit Komplexepisoden arbeiten, eine Reduktion vornehmen: Den Menschen, die in der Angreiferposition sind, sind ihrerseits wieder geprägt durch Komplexepisoden, die sie reagieren lassen, wie sie reagieren.

Anerkanntwerden durch den Vater

Zunächst wurde im Rahmen der geschilderten Komplexepisode der Vater einfach als Teil des Elternpaars gesehen, der mit der Schwester verbunden war. Die drei gehörten zusammen, vertraten „geistvolle Werte".

Paul erwähnt weiter, dass er, wenn immer er Erfolg hatte, sich von seinem Vater so seltsam verlassen gefühlt habe. Erfolg habe er mit Einsamkeit in der Familie „bezahlt".

Was denkt der Vater der Komplexepisode? „Ich will ihm nichts verbauen, aber so viel Glanz kann ich nicht ertragen! Wenn der bloß keine Pathologie entwickelt!"

---

[36] Schütz Astrid (2000) Psychologie des Selbstwertgefühls. Von Selbstakzeptanz bis Arroganz. Stuttgart, Berlin, Köln

So viel Glanz kann er nicht ertragen … Das heißt aber auch, dass er den Erfolg des Sohnes nicht ertragen kann, ihn also auch nicht anerkennen kann, möglicherweise sogar eine sehr gute Leistung, an der der Junge eine gesunde Freude hat, zu etwas Pathologischem abstempelt. Vielleicht steckte dahinter eine „gute" Absicht: Der Junge sollte „bescheiden" bleiben. Der Vater hatte möglicherweise selber ein Problem mit Größenideen, die er sich rigoros verbot, um nicht, falls er sie nicht erfüllen konnte, in eine Depression zu fallen.

Dazu passt die folgende Assoziation:
„Vater hat mir zwar viel Freiheit gegeben, zu viel eigentlich, aber er hat nie erkennbar meine Erfolge zur Kenntnis genommen, auch nicht die beruflichen. Einmal las ich bei Kafka, im Brief an den Vater, die Stelle, wo Kafka dem Vater ein neu herausgekommenes Buch von ihm bringt, und der Vater, der gerade Karten spielt, ungeduldig sagt: ‚Leg es auf den Nachttisch!' Und da lagen auch schon die anderen, die er nie gelesen hatte, und die er auch nie lesen würde. Diese Stelle hat mich tief berührt, sie berührt mich noch immer. Dieser Vater war einfach durch nichts zu beeindrucken. Irgendwie muss diese Geschichte etwas mit meinem Vater zu tun haben."

Erinnerungen können durch die eigene Geschichte ein wenig verändert werden. So steht denn bei Kafka nicht, dass der Vater die Bücher nicht gelesen hatte. Das hat Paul dazu erfunden. Die Verachtung für das, was der Sohn leistet, wird durch diese Hinzufügung noch größer.

Man muss also hier noch eine zweite Komplexepisode einführen:

Der Sohn gibt das Beste, was er hat, der Vater nimmt es – freundlich – nicht zur Kenntnis und lässt ihn ins Leere laufen. Das scheint wohl die übelste Art von Neid! Kein Lob, keine Kritik zu erfahren – einfach nichts.

Es fällt Paul auf, dass er auch selbst so verachtend mit sich umgeht, wenn er seinen Erfolg nicht mehr interessant findet und das Interesse davon abzieht. In dieser Lage kann man nur noch depressiv werden – zumindest uninteressant. Er ist identifiziert mit dem Vaterpol dieser Komplexepisode. Es stellte sich natürlich die Frage, ob er in dieser ihm unbewussten Komplexepisode stecken blieb, oder ob die Identifikation noch weiter ging: Hatte er vor der Enttäuschung eine große Angst, wenn er sich die Freude einmal zugestand, fürchtete er insgeheim, dass er den immer einmal auch ausbleibenden großen Erfolg nicht mehr verkraften könnte und depressiv würde?

Ich war wunderbar

Möchte bewundert werden

Der nervt

Anderes ist wichtiger

So viel Glanz können wir nicht ertragen

Die Lebensthemen, die sich aus der Arbeit an der Komplexepisode heraus entwickelten:

„Ich möchte einen Menschen finden, der zur Kenntnis nimmt, was ich mache, anerkennend oder kritisch."
„Ich möchte ein Mensch sein, der sich für mich selber wirklich interessiert – der sich aber auch für andere interessiert."

Für Paul war wichtig zu lernen, dass es ein Grundbedürfnis des Menschen ist, Anerkennung zu bekommen. Er meinte von sich, dass er viel zu viel Anerkennung brauche, dass er wohl einen „narzisstischen Charakter" habe. Er überlegte sich auch, ob Anerkennung zu geben, andere Menschen und ihre Leistung anzuerkennen, ihm leicht falle. Er würde das gerne tun, meinte er, wenn die anderen das ebenfalls machen würden. Wenn er aber andere anerkenne und selber nicht anerkannt werde, komme er sich betrogen vor. Andererseits benehme er sich ähnlich wie sein Vater. Einem Sohn aber würde er natürlich die Anerkennung nicht versagen, versichert er.

Natürlich ist ein Zustand anzustreben, in dem gegenseitige Anerkennung möglich ist. Zwar sonnen sich viele Menschen in der Anerkennung, die sie erhalten; doch es fällt ihnen nicht ein, dass andere Menschen ebenfalls anerkannt sein möchten. Wenn wir alle aber nur anerkennend sind, wenn wir sicher sind, dass andere Menschen immer anerkennend sind, dann wird dieses Grundbedürfnis nicht erfüllt. Man muss das Risiko auf sich nehmen, einfach einmal anzuerkennen. Hat man die gegenseitige Aufrechnerei einmal aufgegeben, fällt das umso leichter, weil es ein sehr gutes Selbstgefühl gibt, ein anerkennender Mensch zu sein. Anerkennung, so musste er auch lernen, ist nicht Lobhudelei. Wenn wir anerkennend sind, anerkennen wir den Aspekt einer Leistung, der uns wirklich beeindruckt oder von dem wir wissen, dass sie einem Menschen schwer gefallen ist. Es ist der Respekt vor einer Leistung, die einem nicht ganz und gar gefallen muss. Etwas anzuerkennen kann manchmal bedeuten, dass man zu den anerkennenden Worten auch eine kritische Frage anbringt, und die ist dann so, dass es eben nicht um ein heimliches Besserwissen geht, oder um eine Zerstörung des Geleisteten, sondern um ein kritisches, förderndes Mitdenken. Etwas anzuerkennen kann aber auch bedeuten, dass man die „Abers", die einem auf der Zunge liegen, einfach einmal nicht zulässt, zumindest nicht herauslässt. Wenn wir Leistungen von anderen Menschen anerkennen, sind wir gönnend und respektvoll zugleich. Es ist eine Haltung wider den Neid.

Beim nächsten Auftritt, so arbeiteten wir gemeinsam heraus, sollte Paul mindestens zwei Freunde oder Kollegen einladen, von denen er mit einiger Sicherheit sagen kann, dass sie wenig neidisch sind. Diese fand er unter Freunden, die in einer ganz anderen Berufssparte erfolgreich waren. Mit diesen, so die Abmachung, sollte er dann mindestens eine halbe Stunde feiern. Sie feierten dann zwei Stunden. Nach und nach konnte er sich die Freude und den Ausdruck von Freude erlauben, auch wenn einige Menschen sichtbar neidisch waren. Er musste in der Freude nicht mehr allein bleiben und er musste sie sich nicht mehr versagen. Er fühlte sich nicht mehr verlassen, wenn er sich freute.

Wir können uns verlassen fühlen, wenn das Interesse von uns abgezogen wird, besonders ein erwartetes freudiges Interesse. Wir fühlen uns auch verlassen, allein gelassen, wenn wir die Freude nicht mit anderen Menschen teilen können.

„Im entscheidenden Moment werde ich im Stich gelassen"

Diese Komplexepisode wurde von einer 58-jährigen Frau, die ich hier Astrid nenne, als ein erzählender Text in ein Seminar eingebracht, in dem wir uns mit Lebensthemen beschäftigt haben. Es geht hier also nicht um eine therapeutische Situation. Der Text zeigt: Komplexerfahrungen können auch in alltäglichen Situationen in Lebensthemen umformuliert werden, ohne therapeutische Hilfe. Lebensthemen setzen wir aber auch. Sie enthalten die Erklärungen dafür, wie unser Leben geworden ist und welche Absichten und Pläne wir weiter haben. Sie können leicht mit den emotional schwierigen, bedeutsamen Lebenserfahrungen, den Komplexerfahrungen, in Zusammenhang gebracht werden, und sie erlauben dann, das gelebte Leben unter dem Aspekt zu sehen, wie schwierige Lebenserfahrungen zu Knotenpunkten der Entwicklung und zu wichtigen Themen der Biografie geworden sind, die auch noch in die Zukunft hinein wirken werden. Damit wird auch das Gefühl vermittelt, dass das Leben besser geworden ist, und vielleicht immer noch besser wird. Astrid schreibt:

„Fakten:

Ich bin fünf Jahre, mein Bruder neun Jahre. Nachkriegszeit. Geld kaum vorhanden. Zukunft unsicher. Mein Vater sehr streng.

Eines Morgens war die (wahrscheinlich die einzige) Tischdecke rundum eingeschnitten, so dass es aussah wie Fransen.

Mein Vater: ‚Wer war das?'

Wir beide: ‚Ich nicht!'

Mein Vater, wütend: ‚Ich hole den Stock, wenn ihr nicht sagt, wer das war.'

Wir beide, beteuernd: ‚Ich nicht.'

Da ich ja wusste, dass ich es nicht war, musste es also mein Bruder gewesen sein. Mein Vater geht aus dem Zimmer. Ich hatte

Angst, dass er den Stock holt. Meine Mutter, am Bügelbrett stehend, redet auf mich ein. Mein Bruder unterstützt sie.

Meine Mutter: ‚Sag doch einfach, du warst es. Bei dir ist das nicht so schlimm.'

Ich, ganz verzweifelt: ‚Aber ich war es doch nicht.'

Meine Mutter: ‚Ist doch egal, dann ist es erledigt.'

Ich: ‚Und dann? Wenn er den Stock holt?'

Meine Mutter: ‚Ach was, das wird er nicht tun.'

Ich: ‚Er hat es gesagt.'

Mein Vater kommt, ob mit oder ohne Stock weiß ich nicht mehr, auf jeden Fall sagte ich dann, ich sei es gewesen. Was danach passierte, ist mir nicht mehr präsent.

Ich war völlig verzweifelt. Ich verstand die Welt nicht mehr. Ich sollte etwas zugeben, was ich nicht gemacht hatte. Ich verstand die Regeln nicht mehr. Ich war starr vor Schreck. Ich hatte furchtbare Angst vor dem Stock. Ich nahm an, mein Vater macht, was er sagt.

Ich machte, was meine Mutter von mir verlangte. Sie war meine Mutter und meine Bezugsperson. Meinen Vater hatte ich erst vor einem halben Jahr kennen gelernt (Kriegsgefangenschaft). Er war mir gefühlsmäßig relativ fremd.

Diese Episode hat einen ganz starken Eindruck bei mir hinterlassen, sie war immer präsent und ich fand es jedes Mal wieder ungeheuerlich. Ich sehe mich heute noch dastehen, innerlich völlig aufgewühlt, nicht verstehend, warum meine Mutter mich diesem Stock ausliefern will, wo ich doch gar nichts getan hatte."

Die Teilnehmer und Teilnehmerinnen am Seminar hören diese Komplexepisode – und sie formulieren ihre emotionale Reaktion darauf. Zuerst wurde Empörung laut: Das Mädchen muss die Probleme der Mutter tragen. Das Mädchen bekommt die Botschaft, dass Frauen sich aufopfern müssen, damit der Sohn von dem Stock verschont wird. Es waren vor allem Frauen, die diese

Reaktion formulierten. Von Männerseite her kam dann der etwas zaghaft vorgetragene Standpunkt, es könnte ja sein, dass der Vater der Tochter gegenüber großzügiger sei als dem Sohn gegenüber. Eine weitere Gruppe hatte Verständnis mit der hilflosen, überforderten Mutter, die vielleicht Angst vor Gewalt hatte.

Dieses Beispiel zeigt deutlich, dass Komplexepisoden eingebettet sind in einen lebensgeschichtlichen Zusammenhang. Die Komplexepisode ist wie eine Insel auf diesem breiten Untergrund. Hintergrund dieser Komplexepisode ist der gerade zu Ende gegangene Krieg: Da ist der Vater, der in Kriegsgefangenschaft war und den das Mädchen noch wenig kannte. Die Gewalt liegt in der Luft: Der Vater wird bereits mit dem Stock in der Hand wahrgenommen. Die durch den Krieg bedingte Armut ist auch ein wesentlicher Aspekt: Hätte die Familie viele Tischdecken gehabt, hätte sich die Problematik um die Fransen wohl nicht so zugespitzt.

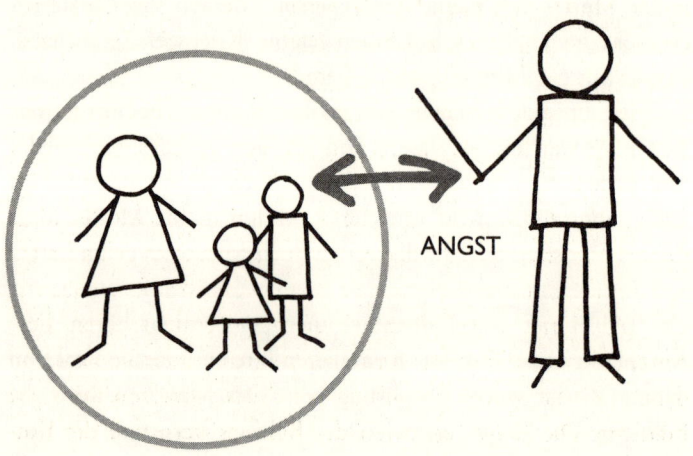

Mutter, Bruder und Astrid scheinen vor der Reaktion des „fremden Vaters", vor der Erwartung von Gewalt Angst zu haben. In einer solchen Situation der Verunsicherung sucht man Sicherheit. Sicherheit gewährte bis dahin die Mutter, die Bindungsperson von Astrid. Die Bindung an die Mutter wird durch die Angst intensiviert, die Reaktion der Mutter auf diese Situation wird für das Mädchen daher sehr wichtig. Auch könnte man sich vorstellen, dass angesichts der Angst die drei, die auch zuvor miteinander das Leben gemeistert haben, wieder in eine verschworene Dreiergemeinschaft zurückfinden. Eigentlich geschieht etwas Wichtiges in dieser Familie: Der neunjährige Bruder agiert Aggressionen aus, indem er Fransen in die Tischdecke schneidet. Die Tischdecke kann auch als ein Symbol für den Familientisch verstanden werden, und damit für die „neue" Familie, die zusammen am Tisch sitzt. Vielleicht will er einen faulen Frieden stören, vielleicht ist es auch eine ödipale Rache, dass er seine Mutter nicht mehr so sehr für sich hat. Das sind alles Vermutungen. Es könnte auch sein, dass er ein ästhetisches Bedürfnis hatte und etwas zur Verschönerung des Alltags tun wollte, und dann über die Reaktion auf sein Werk doch erschrak, und nicht mehr dazu stehen mochte.

Hintergrund des Komplexes

Astrid wird der Angst in mehrfacher Weise ausgeliefert: Sie fühlt sich von Mutter und Bruder gedrängt, sich zu „opfern", sie wird also aus der Dreierbeziehung ausgestoßen. Der Bruder „schneidet auf", die Mutter „bügelt glatt" – und alles geht zu Lasten des kleinen Mädchens. Diese Ausstoßung erfolgt in einer Situation, in der Astrid die Mutter als verlässliche Bindungsperson dringend bräuchte. Die Angst reaktiviert das Bindungsverhalten des Kindes – und die Mutter war die verlässliche Bindungsperson. Astrid war zudem bis jetzt der Wahrheit verpflichtet: die bis dahin verlässliche Werteordnung – etwas Verlässliches in den Wirren der Nachkriegszeit – wird außer Kraft gesetzt. Und sie fürchtet sich vor der Strafe des Vaters.

Ihre Emotion: Angst, Schrecken, Aufgewühltheit, Überraschung. Aus diesen Emotionen wird Verwirrung: Was soll sie denken? Was soll sie tun? In dieser Situation reagiert sie so, wie es die Bindungsperson, die Mutter von ihr erwartet – sie hat keine andere Wahl, denn sonst würden Angst und Unsicherheit unerträglich. Wie groß ihre Angst ist, kann man auch daraus entnehmen, dass sie sich nicht mehr erinnert, ob der Vater mit oder ohne Stock kam, und was danach geschah.

Astrid ist der Ansicht, dass einige ihrer ihr bewussten Lebensthemen auf dieser komplexhaften Erfahrung beruhen:
    Etwa „Ich schaffe mir einen Gott, der auf meiner Seite steht."

Damit hatte Astrid die verlässliche Bindung, die sie zuvor zur Mutter hatte, auf einen Gott übertragen.

Wie ging das? Wie setzte sie dieses Lebensthema um?

Sie erinnert sich: „Es fing damit an, dass ich mir, da war ich so sieben oder acht Jahre alt, abends im Bett, mit geschlossenen Augen ein Gesicht vorstellte, ganz intensiv. Ein relativ neutrales Gesicht. Ich stellte ihm meine Frage, erzählte meine Sorgen, formulierte eine Bitte und wartete. Ich beobachtete das Gesicht sehr genau. Nickte es, schüttelte es den Kopf, blickte es fragend oder zweifelnd, blinzelte es mir zu, lächelte es? Diese Kommunikation wurde mir sehr vertraut, ich fühlte mich immer sicherer und ich vertraute darauf. Und ich war mir einfach sicher, dass dieses Gesicht der ‚liebe Gott' ist und dass er die richtige Antwort kennt und dann zu meinem Besten entscheiden kann, was zu tun ist. Die Folge war: Es ging mir immer gut mit den Antworten, die ich aus diesem Gesicht glaubte herauslesen zu können.

Im Religionsunterricht in der dritten oder vierten Klasse wurde uns von einem Gott erzählt, der uns straft, wenn wir fluchen, der etwas Schlimmes passieren lässt, wenn wir morgens nicht beten. Ich weiß noch ganz genau, wie ich zuerst einen Schreck bekam, als ich das hörte. Aber dann dachte ich: ‚Eigenartig, was hat denn die für einen Gott, das muss ein anderer sein, meiner tut so etwas nicht.'

Mit der Zeit hatte ich die Kommunikation mit diesem Gesicht so verinnerlicht, dass sie dann auch auf eine andere Art und Weise ablaufen konnte: Zum Beispiel ein plötzlicher Einfall, eine Idee, die Aussage eines Dritten, ein schlechtes Gefühl, eine absolute innere Sicherheit, darauf musste ich achten und dann damit verbinden. Später kamen auch Träume dazu. Dass wiederum der ‚liebe Gott' diese Quelle war, aus der mir eine Antwort, ein Hinweis zukam, glaubte ich daran zu erkennen, dass die Antworten oder Hinweise immer mit Freude verbunden waren oder einfach Erleichterung auslösten oder Neugier und Interesse weckten, mich mit einer Sache zu beschäftigen."

Die eigentliche Bindungsperson hat versagt, der Vater war noch keine Bindungsperson, und das Kind hat sich eine neue, imaginäre, archetypische Bindungsperson geschaffen. Das Gesicht vom „lieben Gott" als eine ihr zugewandte Person, der sie die Sorgen und Nöte erzählen kann, und das auch Antwort gibt: Sie kann ihre emotionalen Geschichten erzählen und dann auf dieses Gesicht Lösungen projizieren. Damit hat sie gut gelebt. Dieser liebe Gott wurde dann ausgeweitet auf das innere und äußere Leben, sie bekam also viele Zeichen, wie das Leben richtig zu leben war, und das war wohl entlastend. Astrid ist sehr Werte bewusst. Sie hat ein interessantes Wertesystem für sich geschaffen: Was Freude und Interesse auslöst, ist richtig. Wenn Emotionen ausgelöst werden, die auf das Leben beschwingend wirken und dem Leben einen neuen Impuls geben, dann ist es für Astrid richtig. Die Idee, sich ein Orientierungssystem zu schaffen, das einen großen Zuwachs an Freude bringt, ist auch klug und originell.

Aber auch weitere ihr wichtige Lebensthemen verbindet Astrid mit dieser Komplexepisode. Etwa: „Ich will eigenständig und unabhängig sein, nicht ausbeutbar, nicht erpressbar."
Einige Lebensthemen, die wohl direkt mit dieser Erfahrung zusammenhingen und eher der Abwehr von Angst und der Rechtfertigung ihres Handelns dienten, hörten irgendwann auf, Lebensthemen zu sein. Etwa: „Ich tue alles, um Angst zu vermeiden." Oder: „Besser falsche Harmonie als brutaler Streit."
Astrid kann viele ihrer Lebensthemen auf diese für sie zentrale emotionale Konflikterfahrung beziehen.
Die Gruppe im Seminar überlegte sich auch, welche Lebensthemen aus einer solchen Erfahrung sich entwickeln könnten.

Hier eine Auswahl:

„Ich will meinen Kindern konsequente Sicherheit geben."

„Ich will, bevor ich handle, das Wertesystem der anderen abklopfen."

„In Zukunft werde ich schlauer sein als die anderen."

„Ich will korrumpierbar sein und Kapital daraus schlagen. – (Bruder, was gibst du mir dafür?)"

Die Lebensthemen, die von Mitgliedern der Gruppe formuliert wurden, sind deutlich weniger als die von Astrid von der Angsterfahrung und von der Erfahrung geprägt, von der Bindungsperson in einer wichtigen Situation im Stich gelassen zu sein.

Obwohl es sich um Projektionen von einzelnen Gruppenteilnehmerinnen und -teilnehmern handelt, fanden die oben angeführten Lebensthemen innerhalb der Gruppe doch eine gewisse Zustimmung. Bei Astrid lösten sie zum Teil Erstaunen aus. Letztlich stehen Lebensthemen nicht nur mit einer zentralen Komplexepisode im Zusammenhang, sondern mit mehreren Komplexepisoden, aber auch mit den guten Erfahrungen, die man gemacht hat, also letztlich mit der ganzen Persönlichkeit und ihren Potentialen.

Komplexe im weiten Bereich des Verlassenwerdens regen deutlich die Entwicklung von Lebensthemen an. Aus dem Gefühl der Verlassenheit heraus muss man aktiv werden, sonst geht man unter. Als Kompensation, meistens schon früh im Leben als Leitideen vorhanden, damit diese Verlassenheit nicht mehr auftritt, werden sie im Laufe des Lebens einengend und dysfunktional, sie werden zu Lebensproblemen. Beschäftigt man sich dann mit diesen Komplexepisoden, dann werden viele, die Zukunft öffnende Lebensthemen erlebbar.

„Ich bin immer an allem schuld"

Eine Konfliktsituation, geschildert von einer Frau: Fünf Menschen, die miteinander etwas organisieren, geraten sich in die Haare. Etwas Wichtiges ist versäumt worden. Nachdem lautstark geredet wurde, herrscht eisiges, unangenehmes Schweigen: Man schaut sich gegenseitig vorwurfsvoll an. Eine Frau, die die Anwesenden kennt, die mit dem Ganzen aber nichts zu tun hat, kommt zufällig dazu und sagt ängstlich: „Ich bin nicht schuld." Alle schauen sie erstaunt an und bestätigen, etwas irritiert, sie sei nun ganz bestimmt nicht schuld, und auch in keiner Weise am Ganzen beteiligt.

Die Frau geht wie vor den Kopf geschlagen weg und murmelt: „Jetzt bin ich doch wieder schuld."

Es besteht keine Frage: diese Frau hat in ihrer Biografie zum Thema: „Ich bin immer schuld" bedeutende Komplexepisoden erfahren mit den damit verbundenen Schuldgefühlen oder deren Abwehr. Sie bestätigt: „Ich muss immer wieder beteuern, dass ich nicht schuld bin, weil die anderen mir immer wieder die Schuld zuweisen."

Die Frau, ich nenne sie hier Herta, hatte natürlich emotional feinfühlig aufgenommen, was in der Luft lag: gegenseitige Vorwürfe. Wären diese fünf Menschen in Kommunikation weniger geschult gewesen, oder wären sie zeitlich nicht so unter Druck gewesen, hätten sie vielleicht darüber gestritten, wer „schuld" sei, wem man die Verantwortung für das Versäumnis anlasten könne. Herta spürte durchaus, welches Thema in der Luft lag. Die fünf wussten aber, dass sie die ganze Zeit brauchten, die ihnen noch blieb, um ihr Problem zu lösen, nicht um zu streiten. Und Herta war dabei in keiner Weise gefragt, und das gab man ihr auch deutlich zu verstehen.

Wer einen Komplex in einem bestimmten Bereich hat, ist sensibel für die entsprechenden Emotionen und Themen – und nimmt sie leicht auf – meistens nimmt man sie jedoch auch persönlich. Herta wurde durch die Probleme der fünf emotional angesteckt. Da in ihrem Leben die Schuldthematik eine sehr große Rolle spielt, spürt sie leicht, wenn die Schuldthematik vorhanden oder verdrängt wird, oder wenn jemandem die Schuld zugeschoben wird.

Herta war das älteste von vier Kindern. Die anderen Kinder waren Halbgeschwister. Diese hatten einen Vater, sie hatte keinen. Um ihren Vater gab es Geheimnisse: Er kam nicht vor, war nie vorhanden. Deshalb hatte sie viele Fantasien über ihren Vater, über die sie aber nicht sprach. Ihretwegen hatte ihre Mutter ihren jetzigen Mann geheiratet, so sagte es die Mutter, mit dem sie drei weitere Kinder hatte und mit dem sie nicht besonders glücklich war.

Herta erinnert sich an viele Situationen in ihrer Kindheit, in denen ihr Schuld zugeschrieben wurde, sie erinnert sich an Komplexepisoden.
„Ich war noch sehr klein und kam aus dem Kindergarten. Ich war wahrscheinlich fünf Jahre alt. Meine Mutter weinte und brummelte vor sich hin. Als sie mich sah, wurde sie ganz böse und sagte: ‚Du bist an allem schuld. Wärst du nicht geboren, dann hätte ich diesen Mann nicht heiraten müssen. Geh mir aus dem Weg!' Sie machte eine Handbewegung, als wollte sie mich schlagen – und ich lief so rasch ich konnte aus dem Zimmer. Sie streckte ihr Bein aus – ich fiel, tat mir weh, aber ich lief dennoch so rasch als möglich weg. Als ich zurückkam – zum Mittagessen –, bekam ich kein Essen. Die Begründung: Ich hätte mich ganz unflätig benommen und der Mutter nicht gehorcht. Ich wurde ins Bett geschickt. Mein kleinerer Bruder brachte mir dann einen

Apfel, den er gestohlen hatte. Später wurde ich dann beschuldigt, ich hätte den Apfel genommen. Ich mochte den Bruder nicht verpetzen. Er hatte es ja für mich getan, und ich nahm die Schuld auf mich. Ich fühlte mich ganz elend, alles tat mir weh – ich hatte doch gar nichts gemacht. Ich verstand, dass ich besser nicht auf der Welt wäre, und dass meinetwegen die Mutter leiden musste. Aber ich konnte es nicht ändern. Und ich lebte eigentlich ganz gerne. Ich ging gerne in den Kindergarten, und auch meine Geschwister mochte ich gerne. Ich suchte und fand immer Menschen, die mich sichtlich gern hatten. Eine alte Nachbarin nahm mich oft auf, wenn mich meine Eltern aus der Wohnung aussperrten. Zu der hatte ich eine gute Beziehung, auch als ich schon verheiratet war, und ich betreute sie ein wenig im hohen Alter. Sie sagte immer wieder: ‚Kind, du brauchst dich doch nicht ständig zu entschuldigen.' Es war mir zur zweiten Natur geworden, ständig 'tschuldigung zu sagen. Genützt hat es natürlich nichts.

Auch später, als ich meine Familie und meinen Beruf hatte, rief mich meine Mutter immer wieder an: Sie litt an verschiedenen Krankheiten und gab mir das Gefühl, auch an diesen Krankheiten schuld zu sein. Wenn ich mich mehr um sie kümmern würde, statt berufstätig zu sein, dann ginge es ihr besser. Und sie nannte mich undankbar: Sie hatte das ganze Leben für mich geopfert – und ich war nicht bereit, meines für sie zu opfern. Sie hatte schon Recht: Ich war dazu auch nicht bereit, auch nicht ansatzweise; meine Familie und meine Kinder sind mir wichtiger, da habe ich endlich ein gutes Leben. Das Schlimme an der Geschichte ist: Ich werde dieses grundlegende Gefühl, schuld zu sein, einfach nicht los!"

Sie erzählt weiter:

„Auch der Stiefvater gab mir ständig die Schuld an allem. Wenn irgendetwas kaputt ging, dann war ich schuld, weil es entweder mein Werk war, oder weil ich als Älteste besser hätte aufpassen sollen. Aber das war nicht so schlimm. Einmal, da erinnere ich mich, sagte er zu mir: Deinetwegen haben wir so wenig Geld. Für meine Kinder würde es gut reichen, aber du bist einfach zuviel. Ich werde dich verkaufen. Das brachte mich in große Not. Ich habe dann in der Schule eine Geschichte geschrieben, in der ein Kind verkauft wird, weil es an allem schuld war. Der Lehrer ging dann zu meinen Eltern, und da war dann erst recht der Teufel los. Aber der Lehrer sagte mir, Eltern dürften ihre Kinder nicht verkaufen."

An diesem Beispiel wird deutlich, wie Herta mit diesen Gefühlen der Schuld wahrscheinlich von Anfang ihres Lebens an eingedeckt wurde. Und diese Gefühle der Schuld wurden immer mehr. Zwar fand auch dieses Kind Auswege: Herta suchte Menschen, die sie nicht beschuldigten, die ihr eine Daseinsberechtigung zuerkannten und sich an ihr freuten. Die größte Angst, verkauft zu werden, bearbeitete sie in einer Geschichte, teilte sie so ihrem Lehrer mit, ohne ihre Eltern zu verpetzen – ein Kunststück eigentlich – und dennoch: Immer neue Schuldzuweisungen kamen und kommen auf sie zu.

Im Zusammenhang mit ihren Eltern konnte Herta diese Schuldproblematik verstehen. Sie war einfühlend: Sie verstand, dass ihre Mutter sich unter dem massiven Einfluss einer katholischen Verwandtschaft entschlossen hatte, das Kind nicht abzutreiben und es auch nicht zur Adoption zu geben. Dass sie sich so rasch als möglich verheiraten wollte, um nicht ständig an ihren „Fehltritt" erinnert zu werden. Den Mann, den sie dann heiratete, hatte sie schon vor ihrer Schwangerschaft gekannt und ihn damals abgelehnt, was ihn sehr gekränkt hatte. Stattdessen ging sie dann mit diesem „eingebildeten Affen aus der Stadt", der, als sie schwanger wurde, damit herausrückte, dass er bereits verheiratet war, sie also nicht heiraten konnte. Immerhin hatte er Alimente bezahlt, auch dafür gesorgt, dass Herta auf eine höhere Schule gehen konnte, aber die Bedingung war, dass sie nie in seiner Familie auftauchte. Sie verstand ihre Mutter, sie verstand sie aber auch nicht. Und sie verstand ihren Stiefvater, aber sie akzeptierte nicht, dass die Verantwortung auf sie abgeschoben wurde. Sie verstand, dass beide ihrer Eltern die Verantwortung für ihr eigenes Leben und für ihre Entscheidungen nicht wirklich übernahmen, sondern einen Sündenbock, das Kind, brauchten.

Die Mutter versuchte ihren „Fehltritt" zu reparieren. Die Reparatur erfolgte zu hastig. Weil sie nicht zu ihrer Schwangerschaft stehen konnte, weil sie nicht die Verantwortung dafür übernehmen konnte, musste sie rasch handeln und heiratete einen Mann, den sie zuvor abgelehnt hatte. Unbewusst strafte sie sich damit wohl selbst.

Auch der Stiefvater ging mit seiner Kränkung nicht verantwortlich um – er entwertete den Vater von Herta und übernahm dann „die Ware aus zweiter Hand", die er gerne aus erster Hand gehabt hätte, blieb aber gekränkt und hatte Ressentiments.

Dem Kind aber wurde die Verantwortung aufgebürdet: Es ist schuld an allem. Die normalen Schwierigkeiten, die zwischen Eltern und Kind auftauchen, konnten nicht ausgetragen werden, sie wurden sofort als Zeichen dieser großen Schuld gesehen. Angst, Ärger, Kränkung: Sie hätten offen angesprochen werden, und die Frage der Wiedergutmachung hätte gestellt werden müssen.

Herta konnte mit zunehmendem Alter den realen Anteil an Schuld, den sie natürlich – wie jeder anderer Menschen auch – auf sich lud, gut unterscheiden von der Schuld, die ihr zugeschoben wurde.

Obwohl es ihr gelang, ihr Leben für sie befriedigend – abseits von den Eltern – zu gestalten, blieb dieser Schuldkomplex bestehen und hatte eine große Wirkung auf ihr alltägliches Leben. Sie ärgerte sich, wenn sie sich immer wieder in Situationen schuldig fühlte, oder, was noch häufiger vorkam, immer wieder versicherte, sie sei nicht schuld.

Sie sagt: „Mein Lebensthema ist es zu beweisen, dass ich nicht schuldig bin. Ich will mein Leben lang den anderen zeigen, dass ich nicht schuldig bin, dass ich ein wertvoller Mensch bin, dass ich eine Daseinsberechtigung habe."

„Mein Lebensproblem ist: Ich identifiziere mich so leicht mit den Eltern, die mir sagen, dass ich schuld bin. Das ist ein ganz unangenehmes Lebensgefühl. Ich fühle mich dann ohnmächtig, angstvoll, denke, dass mich niemand mehr lieben wird. Meine Leistung ist dann, zu sagen: „Nein, ich bin nicht schuld." Das gibt zwar kein besonders gutes Gefühl, aber wenigstens verkaufe ich mich dann nicht.

Ganz besonders schlimm ist, wenn ich wirklich etwas falsch gemacht habe. Ich habe kürzlich meinen Mann sehr lieblos behandelt. Ich sagte ihm, er sei schuld daran, dass ich mich nicht entscheiden könne, ob ich beruflich eine neue Herausforderung annehme oder nicht. Und ich habe ihm gesagt, er sei ein furchtbar egoistischer Mensch. Das stimmt alles ein wenig: Wenn er bereit wäre, sich mehr für unsere Kinder zu engagieren, fiele es mir leichter, die Herausforderung anzunehmen. Aber ich war hässlich zu ihm, in der Art, wie meine Mutter hässlich zu mir war. Das sagte er mir auch. Und dann fühle ich mich entsetzlich schuldig – und ich habe Angst, dass er mich nie mehr lieben wird. Er aber sagt dann bloß: So etwas kommt doch vor, nimm es nicht so tragisch. Es ärgert ihn dann, dass ich mich da so in die Schuldgefühle ‚hineindrehe', wie er meint. Und dann muss ich ständig etwas wieder gut machen. Manchmal wird mein berechtigtes Anliegen ganz verwässert."

Herta versteht gut, dass sie sich mit dem Elternpol der geschilderten Komplexepisode identifiziert: Sie spricht sich dann selbst schuldig. Ihren Mann ärgert es, dass die Schuldgefühle dann immer mehr werden. Was er „hineindrehen" nennt, ist die Wirkung und Dynamik des Komplexes.

Welche Lebensthemen könnten in Verbindung mit dieser Komplexepisode stehen, über das Lebensthema hinaus, dass sie immer beweisen muss, dass sie nicht schuldig ist, und das aus der Kompensation der Komplexepisode entstanden ist?
Was hätte das Kind gewollt?
„Als Kind hätte ich jemanden gebraucht, der sich an mir gefreut hätte. Natürlich hätte man mich auch beschuldigen dürfen, immer einmal wieder. Aber nicht ausschließlich, und nicht in dieser Radikalität. Am liebsten hätten sie es gehabt, wenn ich gestorben wäre. Da war ein Todeswunsch. Ich bin die ganze Zeit unter einem Todeswunsch gestanden. Als die Mutter mit mir schwanger wurde, hätte sie am liebsten gehabt, dass ich „abgegangen" wäre. Mutter und Vater hätten mich am liebsten tot gesehen. Meine Geschwister nicht, glaube ich. Wir waren eine ziemlich verschworene Gemeinschaft – wir hatten es ja alle schwer – und wir haben auch jetzt noch einen guten Zusammenhalt. Wir wissen, wenn es jemandem nicht gut geht und versuchen einander zu helfen. Die Großeltern von Vater- und Mutterseite waren weder besonders unfreundlich noch besonders freundlich. Wir hatten wenig Kontakt mit ihnen. Niemand schien mit dieser Ehe ‚glücklich' zu sein. Aber die alte Nachbarin hat mir immer das Gefühl gegeben, für sie wichtig zu sein. Sie hat sich einfach gefreut, wenn ich gekommen bin. Meine Geschwister besuchten sie auch manchmal, aber mich hatte sie besonders gern, fand ich.

An meiner Arbeitsstelle mag man mich auch gern. Ich habe die Tendenz, viel für die anderen zu tun und das mögen sie. Das hängt mir noch etwas nach. ‚Entschuldigen Sie, dass ich da bin. Kann ich etwas für Sie tun?' – Das ist irgendwie mein Motto. Ich mache aber nicht so viel, dass die anderen Schuldgefühle bekommen. Ich musste sehr lernen, nicht immer Schuld zu verteilen: Ich hatte die Tendenz, die Schuldigen zu bezeichnen, die in einer bestimmten Situation die Verantwortung nicht wahrgenommen haben. Die anderen fanden rasch, ich hätte da ein Problem. Das habe ich in einer Gruppentherapie bearbeitet. Ich kann das jetzt lassen, aber ich weiß innerlich immer noch gut, wer etwas falsch gemacht hat.

Und dann muss ich lernen, mit meinem Ärger umzugehen. Entweder bin ich schuld, auch ohne schuld zu sein, oder die anderen sind schuld – aber ich kann mich nicht richtig auseinander setzen. Ich kann nicht richtig wahrnehmen, wenn ich mich ärgere. Auch berechtigter Ärger wird übersprungen und ins Schuldgefühl überführt – oder in die Abwehr. Ich darf mich natürlich auch nicht ärgern, weil ich denke, dass die anderen mich dann nicht mehr gern haben. Und das ertrage ich nicht."

In Verbindung mit diesem Komplex gibt es kompensatorisch den Wunsch und die Notwendigkeit, Verantwortung für das eigene Leben zu übernehmen. Verantwortung für das eigene Leben hat Herta jedoch schon früh übernommen.

Auf Grund der Arbeit an dieser Komplexepisode ergaben sich als weitere wichtige Lebensthemen:
„Ich will mir selber die Daseinsberechtigung geben."
Und: „Ich will mich umgeben mit Menschen, die mir selbstverständlich eine Daseinsberechtigung geben."

Auf Grund der Arbeit an der Komplexepisode kann Herta die Generalisierung der Schuld aufgeben. Daraus ergibt sich ein zusätzliches Lebensthema:
„Ich will herausfinden, wo ich schuldhaft mich verhalte, und da will ich auch mein Verhalten wieder gut machen, so gut es geht."

„Aus dem wird nie etwas Rechtes!"

Ein Bericht von Andreas, der ihn mir schriftlich zur Verfügung gestellt hat:

„Am Abend des 14. November 1981, kurz vor meinem 46. Geburtstag, trank ich mit Edith und den Kindern einen Mouton Rothschild 1945. Es war Samstag. In meinem Weinjournal, in dem jeder Flasche in meinem Weinkeller eine Zeile zugeordnet ist, steht dazu die Bemerkung, dass ich 43,2 Kilometer in einer Zeit von drei Stunden und 23 Minuten gerannt war, was für die Marathondistanz von 42,195 Kilometern eine Zeit von drei Stunden 18 Minuten bedeutet. Ich war stolz auf mich. Die Strecke bestand aus zwei Runden von je 21,6 Kilometern. Die gesamte Höhendifferenz war 190 Meter Steigung und 190 Meter Gefälle. Aber da lag noch viel mehr. Ich fühlte, dass ich mit dieser Leistung ein mir selbst gestelltes Lebensthema erfüllt hatte. Das wirkte versöhnlich.

Als Junge war ich verträumt. Eine enge Beziehung zu meiner Großmutter, dann zu meiner Mutter gaben mir Wärme. Mir schien, ich sei anders als meine Klassenkameradinnen und -kameraden. Nicht, dass ich mich als etwas Besseres fühlte, einfach etwas außerhalb und anders. Das Gefühl des Andersseins hatte seine Ursache wohl auch in meinem damals starken katholischen Glauben und dem katholisch religiösen Erleben inmitten einer reformierten Umgebung. Meine Gefühle zu Vater und Mutter unterschieden sich stark. Oftmals, wenn Vater abends im Wirtshaus war, sang meine Mutter mit mir und meinen Schwestern; ich habe vier jüngere Schwestern. Singen, Deutsch, Geschichte und Mathematik waren die Fächer, in denen ich in der Schule gut war. Ich merkte, dass Vater stolz war, wenn ich gute Zeugnisse heimbrachte, doch bei weniger guten Berichten musste ich mithören, wie er zur Mutter sagte: aus dem wird nie etwas Rechtes.

Im Turnen machte ich zwar gern mit, aber da waren andere, die waren größer und stärker und im Turnen weit besser als ich. Mein Vater und ich waren von ähnlicher Statur. Aber seinen Jungen hätte er sich halt doch etwas anders vorgestellt, etwas kräftiger. Vater war außerordentlich zäh und kräftig. Er war Hilfsarbeiter, und seine berufliche Arbeit verlangte einen harten körperlichen Einsatz. Brennholz wurde nie gekauft. Das holte sich Vater aus dem Wald, entweder Samstag nachmittags oder abends nach der Arbeit. Da musste ich mitgehen und helfen. Ich merkte wohl, dass Vater mich prüfte, wenn er mir die von ihm umgedrückten dürren Eichenbäumchen zum Abschleppen überließ. Manchmal brachte ich sie bis zum Handwagen, aber oft überstieg das meine Kräfte. Da spürte ich dann das Bedauern und vielleicht gar eine leise Verachtung des Vaters. Mit Vater sprach ich nie über Gefühle, mit Mutter sehr oft. Aber über Gefühle zwischen Vater und mir sprach ich nie.

Als ich aus der Schule kam, begann ich eine kaufmännische Lehre. Ich verliebte mich in ein Mädchen, das etwa sechs Kilometer von mir entfernt wohnte. Sie mochte mich gut leiden, aber zu einem Kuss kam es nie. Doch pilgerte ich oft zu Fuß zum Haus, in dem sie wohnte, in der Hoffnung, sie zu sehen. Da entdeckte ich, dass ich den Weg mühelos rennen konnte, und Rennen am Wochenende wurde mir zum Vergnügen. Ich nahm Boxunterricht und meldete mich zum Turnverein. Ich besuchte den Jungschützenkurs und war stolz, dass ich gut schoss. Vater machte nie eine Bemerkung zu meinen Aktivitäten, aber ich merkte, dass er meine sportliche Tätigkeit mit Genugtuung sah. Bei der turnerischen Rekrutenprüfung holte ich mir die Bestnoten. Ich meldete mich zu den Grenadieren und wurde angenommen. Mutter war entsetzt, das gehe über meine Kräfte. Vater sagte nichts dazu. Er wartete wohl ab, ob ich das durchstehen würde. Ich stand es durch, auch die Unteroffiziersschule. Ich hatte bereits das Aufgebot zur Offiziersschule, als ein Unfall dem ein Ende setzte. Dem

Ende der Militärkarriere weinte ich nicht nach. Ich hatte bereits die Ahnung, die Begeisterung fürs Militär könnte doch recht viel mit pubertären Machtträumen zu tun haben.

Die Freude am Rennen blieb. Sie paarte sich mit der Freude und Genugtuung an körperlicher Leistung, die das gewöhnliche Maß überstieg. Kälte, Regen oder Schneetreiben waren nie Grund, um auf den wöchentlichen ein- bis zweistündigen Lauf zu verzichten. Mutter versuchte, mir diese unvernünftigen und schädlichen Anstrengungen auszureden. Vater sagte nie ein Wort dazu, aber ich merkte, dass ich ihn enttäuscht hätte, wäre ich Mutters Rat gefolgt. Wenn man Vater um Rat fragte, so sagte er bloß: ‚Ihr müsst selbst wissen, was ihr tut.' Aber man fühlte sehr wohl, dass er eine Meinung hatte, und konnte sie auch erraten. Das einzige Mal, wo Vater mir einen sehr engagierten Rat gab, war, als ich zuhause meine Absicht äußerte, Edith zu heiraten. Vater hörte dem Gespräch zwischen Mutter und mir von der Seite her zu. Mutter fragte, wie es denn mit den anderen Mädchen stehe, die ich kenne, da gebe es doch eine Vermögende, die auch recht hübsch und lieb sei. Da wandte sich Vater zu mir und sagte mit Nachdruck: ‚Heirate Edith.' Dann sagte er nichts mehr. Wir heirateten.

Läufer der Marathondistanz hatte ich schon als Junge bewundert. Doch spielte ich nie ernsthaft mit dem Plan, sie selbst zu rennen. Die Landschaft um unser Dorf durchrannte ich zwei oder dreimal pro Woche auf verschiedenen Wegen. Als ich etwa 40 Jahre alt war, begann ich regelmäßig Samstag vormittags eine landschaftlich schöne Strecke von 12,6 Kilometern entlang eines Flusses zu rennen. Dazu brauchte ich meist um die 50 bis 55 Minuten. Später verlängerte ich die Strecke auf 21,6 Kilometer, wofür ich meist zwischen 90 und 95 Minuten brauchte. Das war etwas mehr als die halbe Marathondistanz, jene Distanz, die für mich das Besondere bedeutete. Mit dieser Verlängerung wurde die Frage lauter, ob dieses Besondere für mich erreichbar wäre? Plötzlich packte es mich. Ich wollte kein Rennen gewinnen, ich wollte auch nicht die sportliche Bestätigung ins Zentrum meines Interesses rücken, aber ich wollte einmal in meinem Leben die Marathonstrecke laufen. Während einiger Monate steigerte ich das Training zielstrebig. Einer leichten Grippe am Ende des Aufbautrainings erlaubte ich nicht, meinen Plan zu stören. Bevor sie ausgeheilt war, gab ich meinem inneren Drängen nach und lief zwei Tage vor meinem Geburtstag bei eher kühler und leicht regnerischer Witterung meinen Marathon: Mein Geburtstagsgeschenk an mich. Zwei Kilometer vor dem Ende wusste ich, dass ich es schaffen würde, etwa 600 Meter vor dem Ende wurde meine Stimmung euphorisch: Edith hatte mir vor manchen Jahren eine Flasche Mouton Rotschild 1945 geschenkt, die würde ich abends trinken.

Lebensthema? Der Mutter musste ich nichts beweisen. Wir kannten und genügten einander. Aber mir selbst und Vater gegenüber, da waren offene Erwartungen. Nach geranntem Marathon war ich mit mir zutiefst zufrieden. Obwohl ich über die Motivation keine langen oder großen Gedanken spann, war ich mir bewusst, ein mir bedeutsames Anliegen erledigt zu haben: Ich hatte mir bewiesen, dass ich zu Besonderem fähig war. Ich habe dieses Anliegen und den gerannten Marathon erst jetzt mit meinem Vater in Verbindung gebracht."

Dieses Lebensthema, das zu einem Abschluss gebracht wurde – zumindest auf der sportlichen Ebene –, von einem 68-jährigen Mann im Rahmen eines Seminars zum Thema der „Lebensthemen" beschrieben, steht in einem Zusammenhang mit einer Komplexepisode, die viele Menschen mehr oder weniger prägt, der Komplexepisode: „Aus dir wird nie etwas Rechtes!" Dabei ging es hier vor allem um die körperliche Leistung, die vom Vater insgeheim gefordert wurde, die beachtliche wissenschaftliche

Karriere, die Andreas später gemacht hatte, interessierte in diesem Zusammenhang nicht. Der Vater war außerordentlich kräftig. Aber er machte seinen Eltern – den Großeltern von Andreas – viel Kummer. Er trank zu viel. Er arbeitete gut und schnell, war aber sehr unstet und wechselte seine Stelle oft. Seinen Sohn hätte er gerne als Büroangestellten gesehen, das wäre ein sozialer Aufstieg gewesen. Mit einem Schwächling von Sohn wollte er sich nicht schämen. Einen so verträumten Jungen konnte er seinen Kollegen nicht vorführen. Der Sohn sollte etwas kräftiger sein und er zweifelte, ob der Sohn das schaffen würde. Der Sohn seinerseits möchte sich dem Vater und auch sich selber beweisen, dass er auch körperlich zu etwas Besonderem fähig ist. Andreas begann früh damit, diesen Beweis anzutreten, auch wenn erst der Lauf über die Marathondistanz als wirklicher, krönender Beweis galt, der dann auch mit einem entsprechenden Wein, ein Symbol dafür, wie wertvoll diese Leistung war, gefeiert wurde.

Der Komplex „Aus dir wird nie etwas Rechtes" ist, wie alle Komplexe, mit anderen Komplexen vernetzt. Er bezeichnet eine Erfahrung unter vielen Erfahrungen, die Andreas gemacht hat. Lebensgeschichtlich prägend ist hier eine besonders warme, akzeptierende, tragfähige Beziehung zu Mutter und Großmutter. Beziehungen, die Andreas ein Gefühl der Geborgenheit im Leben, des Vertrauens, des Getragen- und Akzeptiertseins gaben. Auf einer solchen Basis ist die etwas bedauernde, leicht verachtende Herausforderung des Vaters keine endgültige Aberkennung von Fähigkeiten, sondern wirklich eine Herausforderung, der zu begegnen ist. Dennoch: Andreas musste es auch sich selber beweisen, auch er hatte die zweifelnde Frage des Vaters verinnerlicht, ob er denn wirklich etwas Besonderes schaffen könne. Und es war und ist ein Lebensthema von ihm: Ich will etwas Besonderes erreichen – und zwar auch körperlich.

Warum schenkt er sich diesen Marathon zum 46. Lebensjahr?

Die wissenschaftliche Karriere war aufgebaut, aber das war ja keine in erster Linie körperliche Leistung. Der Vater hatte aber seine körperliche Leistungsfähigkeit angezweifelt. Dieser Zweifel musste noch zerstreut werden, bevor die Leistungsfähigkeit weniger werden würde. So kann man es sehen, muss es aber nicht unbedingt. Das Besondere musste etwas aus der Vaterwelt sein; den Marathon laufen zu können, war nicht einfach nur ein Sieg, er war auch verbunden mit dem Erleben von großen Gefühlen und er verbindet sich einem anderen Lebensthema dieses Mannes: Ich möchte große Gefühle erleben, ohne zerstörerisch zu sein.

Ein abgeschlossenes Lebensthema, so bezeichnete Andreas es selber. Zumindest auf einer Ebene ist das Lebensthema sichtbar und messbar realisiert worden – und es muss nicht mehr wiederholt werden. Besonders eindrücklich ist an dieser Erzählung, dass das Lebensthema im Zusammenhang mit Fähigkeiten steht, die ein Mensch hat, dass es einen Einfluss auf die Gestaltung des Lebens hat, und dass es, wenn immer möglich, sichtbar realisiert werden muss. Es braucht einen sichtbaren Beweis, dass dieses Lebensthema realisiert worden ist. Ein realisiertes Lebensthema macht stolz. Andreas feiert den Sieg mit der besten Flasche Wein, die er besitzt.

„Aus dir wird nie etwas Rechtes" – eine Variante

„Schon mein Vater und meine Mutter sagten mir, dass es aus mir nie etwas Rechtes gebe. Wie konnte da etwas Rechtes aus mir werden? Und aus meinen Kindern wird auch kaum etwas Rechtes. So etwas pflanzt sich einfach fort." Der 55-jährige Mann, den ich hier Emil nenne, sagt dies resigniert und in einer Situation der Krise von sich. Er hat zum wiederholten Male seine Stelle verloren. Er ist der Ansicht, in seinem Alter jetzt eigentlich sowieso nichts Rechtes mehr zustande zu bringen. Er spricht über Komplexepisoden, ohne dass er danach gefragt wird.

„Wenn ich als Kind Holz nach Hause brachte, dann war es immer zu wenig: Und irgendjemand sagte dann: Aus dir wird nie etwas Rechtes. Du bist viel zu schnell zufrieden. Das sagte vor allem der Vater. Und die Mutter verteidigte mich nie. Sie dachte das wohl auch. Ich war als Kind dann traurig und wütend. Ich wollte den Eltern schon gefallen und ihnen auch helfen. Mit der Zeit, wenn du das immer gesagt bekommst, dann schaffst du dir eine harte Haut an. Aber irgendwie hatten die doch Recht." Er war identifiziert mit dem Vaterpol dieser Komplexepisode, mit dem Angreifer, er erklärte sich selber zum Versager – und alle seine näheren Bezugspersonen auch –, insbesondere seine Kinder, obwohl aus denen durchaus „etwas Rechtes" geworden ist, wie er zugeben musste. „Noch ist aber nicht aller Tage Abend ..." fügte er misstrauisch hinzu. Sein Lebensthema war über lange Zeit – und ist es jetzt besonders in dieser Situation der Arbeitslosigkeit: Ich will beweisen, dass aus mir nichts Rechtes werden kann. Diese Formulierung schreckt ihn auf: „Es wäre besser, etwas zu finden, das ich recht machen kann, wo ich etwas tauge." Und dann zählt er auf, wo aus ihm durchaus etwas „Rechtes" geworden ist. In solchen Situationen fällt ihm auch ein, dass für seine Eltern der Beruf alles war, dass er aber findet, dass es neben dem Beruf auch andere Lebensbereiche gibt, in denen man zeigen kann, dass man etwas taugt. So hilft er zum Beispiel gerne anderen, besonders alten Menschen. Dennoch: die Überzeugung, dass aus ihm nichts Rechtes werden kann, sitzt tief und bei jeder kleinsten Frustration wird sie wieder belebt. Er schafft es nur selten, sich selber und den anderen Menschen gegenüber anerkennender zu sein. Wenn ihm das gelingt, dann fühlt er sich viel besser, dann hat er wieder Hoffnung, dass aus seinem Leben doch noch etwas wird.

Der Unterschied zwischen Andreas und Emil: Bei Andreas traf die Komplexprägung auf ein Kind, das großes Urvertrauen entwickelt hatte, das geliebt und gefördert wurde. Emils Kindheit war von Urmisstrauen geprägt, von wenig Förderung und von einer gewissen Lieblosigkeit. Dennoch war die Generalisierung, dass nie etwas Rechtes aus ihm geworden sei und auch nie etwas Rechtes aus ihm werden würde, ungerecht, vom Komplex geprägt, der durch seine erneute Kündigung konstelliert worden war. So hatte er, zusammen mit seiner Frau, eine Familie, die ihm viel bedeutete; drei Kinder, die alle einen guten Beruf hatten und in sie erfüllenden Beziehungen lebten. Seine Nachbarn mochten und schätzten ihn und baten ihn immer einmal um einen Rat und um Hilfe. Als die mit dem Komplex verbundene Generalisierung aufgelöst werden konnte, konnten wir an seiner Komplexepisode arbeiten.

„Mir verdirbt man immer schon die Vorfreude"

Ein 56-jähriger Mann, ich nenne ihn hier Bernhard, sucht therapeutische Begleitung, weil er bedeutende Jähzornanfälle hat, die in seinem Berufsleben stören. Er ist Journalist. In Stresssituationen, besonders dann, wenn andere Menschen sich nicht so verhalten, wie er es für richtig hält, wird er in seinen Worten „sackwütend", eine Steigerungsform von wütend. Er hat Emotionsausbrüche, Impulsdurchbrüche, und das bewirkt, dass Menschen Interviews abbrechen und dass Kollegen nicht mehr mit ihm zusammenarbeiten wollen. Er selber fand, seine emotionale Unausgeglichenheit, wie er sein Problem nannte, werde immer gravierender und immer störender, das hänge wohl mit seinem Alter zusammen. Wir arbeiteten an verschiedenen Themen.

Zu einer therapeutischen Sitzung kommt er ganz begeistert. Er hat ein Buch gefunden, dessen Titel ihn „total packt". Der Titel ist: „Glühen ist mehr als Wissen". „In diesem Titel ist mein ganzes Lebensproblem zusammengefasst – noch kürzer und prägnanter geht es nicht! Mir wird an diesem Titel auch klar, dass ich die Prioritäten in meinem Leben falsch gesetzt habe. Ich wollte schreibend die Welt entdecken und sie verändern. Aber eigentlich hätte ich sie glühend entdecken und verändern müssen! Ich habe auf Wissen gesetzt, aber eigentlich wäre Glühen doch viel besser."

Er war hell begeistert vom Titel, vom Thema und meinte, auch ich sollte mein Leben einmal anschauen unter dem Aspekt Wissen oder Glühen.

Bernhard ist also 56 Jahre alt und hat Jähzornanfälle, die symbolisch etwas mit Feuer zu tun haben. Es ist leicht vorstellbar, dass ein Lebensthema ansteht, das mit heftigen Emotionen, mit Begeisterung, auch mit Nachhaltigkeit zu tun hat. Es ist auch denkbar, dass es ein Lebensthema ist, das er vielleicht durch seine Berufswahl etwas in den Hintergrund gedrängt hat. Er hatte sich immer wieder beklagt, dass er sich als Journalist für etwas begeistere, sich dann aber rasch wieder für etwas Nächstes begeistern müsse. Es seien lauter so kleine auflodernde Feuer, die er aus Zeitmangel nicht pflegen könne. Das befriedigte ihn immer weniger.

War sein Leben nun falsch? War es wirklich nur dem Wissen verpflichtet und nicht dem Glühen? Es fällt ihm ein, dass das in dieser Absolutheit doch nicht stimmt – dass das Glühen doch eine wichtige Rolle in seinem Leben gespielt hatte.

Er erinnert sich, wie er als Junge so gerne Feuer gemacht hat, und dann lange ins Feuer geschaut hat, interessiert zusah, wie die Hölzer beim Brennen Gesichter bekamen, er erfand Geschichten mit diesen Gesichtern und Tieren, die er dann sah – war erregt, beschwingt, begeistert, befeuert. Er sei ein sehr begeisterungsfähiges Kind gewesen, sei eigentlich noch immer begeisterungsfähig. Als Kind hatte er jedoch auch immer ein wenig Angst vor dem Feuer. Er erzählt, er habe immer in Wohnungen gelebt, die einen offenen Kamin gehabt hatten – das sei ihm das Wichtigste an einer Wohnung. Er erzählt von Feierlichkeiten, die mit Feuer verbunden sind, und wie wichtig es ihm war, an diesen Feuern teilzuhaben, in der Vorbereitung und in der Durchführung.

Bevor er sich mit 38 Jahren verheiratet hatte, wollte er sich immer nur verlieben. Er fand es unheimlich schön, dieses Auflodern, es sei ein „unheimlich gutes Lebensgefühl" gewesen. Jetzt sei er nicht verliebt, frage sich eher, ob noch Glut unter der Asche zu finden sei. Er lebt seit 18 Jahren mit der gleichen Frau zusammen.

Sein Lebensproblem ist sein Jähzorn, der ja metaphorisch auch mit auflodderndem Feuer in Zusammenhang gebracht werden kann. Sein jäher Zorn, der auflodernde Zorn, der ihn vor allem immer dann ergreift, wenn er in seiner Begeisterung gebremst wird, wenn Mitarbeiter und Mitarbeiterinnen sich seiner Begeisterung versagen oder sie gar belächeln.

Und jetzt dieses Buch! Dieser Titel. Den Inhalt des Buches kennt er noch gar nicht. Er weiß, dass es ein Buch über Mystik ist. Er findet seine Begeisterung etwas adoleszent, aber auch sehr belebend. Er erzählt, dass er einmal Mönch werden wollte. Er wollte damals nur Gott lieben, „brennen" für Gott und die Religion. Er dachte damals auch, die Liebe zum Geist könnte nachhaltiger sein als die Liebe zur Sexualität. Aber dann verliebte er sich zum ersten Mal heftig. Und danach wollte er nicht mehr Mönch werden und meinte, dass er in der Liebe zu einer Frau Geist und Sex verbinden könnte.

Glühen – nicht Auflodern: das ist jetzt sein Thema. Das ist die Suche nach Intensität und nach Nachhaltigkeit. Er formuliert:

„Man muss Feuer gefangen haben, gebrannt haben, erst dann kommt das Glühen – und am Schluss verglüht alles."

„Ich bin immer wieder einmal gepackt von Ideen, die ich verwirklichen möchte. Dann bin ich begeistert. Ich schreibe dann einen kleinen Artikel und lasse das Ganze wieder. Aber ich erlebe jetzt eine neue Sehnsucht: Wofür glühe ich? Wofür möchte ich glühen? Ich möchte glühen, ich möchte etwas finden, das mir ‚heilig' ist."

Das Lebensthema, das sich hier ankündigt, ist ein spirituelles Lebensthema. Bernhard hat ein für ihn aktuelles Lebensthema neu formuliert: Er steht unter dem Eindruck, dass er nicht mehr alle Zeit der Welt zur Verfügung hat, und er will seine „freie Zeit" nun unter das Vorzeichen des Glühens stellen. Er fragt sich, ob er das Glühen erleben könnte, wenn er eine größere schöpferische Arbeit durchführen könnte, zweifelt aber, ob er das überhaupt zustande brächte. Die Sehnsucht ist es, für etwas glühen zu können. Doch er bleibt ambivalent: „Glühen ist gut – aber harte Fakten sind doch auch gut."

Warum diese Ambivalenz? Warum sieht er Glühen und Wissen als sich ausschließende Lebensthemen? Man kann ja sich dem Wissen verpflichtet fühlen und dennoch auch glühen. Wissenschafter, die mit glühender Begeisterung arbeiten, tun das doch offensichtlich. Es muss einen Grund dafür geben, dass er sich für das eine oder andere entscheiden zu müssen glaubt.

Wie ging man in seiner Herkunftsfamilie mit seiner Begeisterungsfähigkeit um?

„Ich war ein sehr begeisterungsfähiges Kind", so sagt er. Das dürfte stimmen, ich erlebe ihn als einen begeisterungsfähigen Mann mit einem großen Unterhaltungswert, auch in der therapeutischen Situation. Die Mutter, so erinnerte er sich, liebte seine Begeisterungsfähigkeit. Sie nannte ihn manchmal ihren „Sonnenschein", sagte, er mache alles lebendig. Später, als sein Vater gestorben war, sprach sie davon, dass er mit seiner Freude die oft düstere Atmosphäre, die bei ihnen geherrscht habe, aufgehellt habe. Sein Vater fand seine Begeisterungsfähigkeit übertrieben und nannte sie manchmal weibisch, was der Junge zunächst gar nicht verstand. „Benimm dich doch nicht so weibisch!" sagte der Vater immer wieder. So weit die Information.

Dazu erzählte er eine Komplexepisode: „Freu dich nicht so übertrieben!"

„Ich bin in der ersten Klasse. Das erste Schulfest steht bevor. Ich bin aufgeregt, zapple herum, springe immer wieder in die Höhe – ähnlich wie ein Hund, der sich freut – ich bin einfach hell begeistert, voll Vorfreude und male mir aus, wie schön alles sein wird. Und was mir einfiel, habe ich auch laut verkündet. Ich glaube, es ging darum, dass wir alles essen dürfen, wozu wir Lust haben, Eis und Kuchen. Es ging weiter um gewonnene Wettbewerbe: Auf jeden Fall sah ich mich schon mit einem Elefanten als Losgewinn oder als ein Gewinn bei einem Wettbewerb. Es war nicht klar, ob es sich um ein Stofftier handelte, das immer größer wurde, oder um einen richtigen Elefanten."

Ein schöpferisches Kind malt sich hier die Welt, wie sie im Moment am befriedigsten wäre.
„Die Mutter lächelt, der drei Jahre ältere Bruder zeigt einen Vogel. ,Der spinnt.' Der Vater sagt: ,Stopp, jetzt sofort. So wird es niemals sein. Wenn man sich so übertrieben freut, kann man nachher nur enttäuscht sein. Das ist gefährlich.' Ich suche den Blick meiner Mutter, sie reagiert aber nicht. Ich bin durcheinander. Was gilt jetzt? Ich beginne zu weinen. Die Mutter tröstet mich und tadelt milde den Vater. ,Musstest du dem Buben die Freude so verderben?'

Und der Vater: ‚Ich meine es ja nur gut, ich will ja nur nicht, dass er morgen ganz am Boden zerstört ist, wenn es nicht so ist, wie er es sich ausgedacht hat.‘

Ich gehe zu den Nachbarn – dort sind Mitschüler und wir malen uns weiter aus, wie das Fest sein wird. Ich bin etwas leiser als zuvor.

An das Fest erinnere ich mich nicht mehr. Allerdings auch nicht an eine Enttäuschung. Ich war gar nicht so enttäuschbar. Wenn etwas nicht eintraf, freute ich mich auf etwas Nächstes."

Offenbar hatte jedoch der Vater ein Problem mit Vorfreude und Enttäuschung und versuchte sein Problem so zu lösen, indem er Enttäuschungen vermied, so weit das möglich war.

Die Spannung zwischen Glühen und Wissen wird jetzt verständlich. Bernhard sagt: „Wenn ich so über Glühen spreche, höre ich immer noch den Vater sagen: ‚Dem ist einfach nicht zu helfen!'" Diese Komplexepisode „Freu dich doch nicht so übertrieben" kann immer noch anspringen und wirkt psychisch noch immer. Bernhard bekommt im Zusammenhang mit seiner Begeisterungsfähigkeit zwei Beurteilungen: Für die Mutter ist sie etwas Gutes, für den Vater ist sie etwas Ängstigendes. „Tief innen wusste ich doch, dass es gut ist." Er löste den Konflikt zwischen den beiden sich widersprechenden Komplexepisoden, indem er sich bei den Frauen erlaubte, begeistert zu sein. In der Männerwelt nahm er sich zurück und bremste sich. Da war er bezogen auf harte Fakten und forderte dies auch von den anderen. Doch er wurde eben auch jähzornig, also gar nicht so sachlich, wie er eigentlich von sich verlangte, und wie es auch der Vater von ihm verlangte. „Ich musste und ich muss mich noch immer bremsen, mich in meiner Begeisterung immer hemmen bei den Männern."

Darin drückt sich auch eine problematische Dynamik zwischen den Eltern aus:

Die Mutter war, solange der Vater lebte, wenig eigenständig, emotional etwas „abgelöscht". Als der Vater gestorben war, wurde sie viel lebensfroher, gemütlicher, auch viel emotionaler. Der Vater hatte Angst vor Gefühlen, vor allem Angst davor, Gefühle zu zeigen und sich zu exponieren. Er versuchte, immer alles unter Kontrolle zu haben. Er hasste Überraschungen im Leben, und versuchte, sie zu vermeiden. Seine Devise: keine Freude – keine Enttäuschung. Seine warmen Gefühle lebte er im Verborgenen: In den hinterlassenen Schriften des Vaters haben sich glühende Liebesgedichte gefunden.

Er habe nun lange genug die Begeisterung in der Männerwelt gehemmt, so Bernhard, der Jähzorn könnte eine Folge davon sein.

Das kann man so sehen: Wird man in der Freude gehemmt, oder hemmt und bremst man sich selber, so kann man ärgerlich werden. „Statt dass man vor Freude in die Luft hüpft, geht man vor Zorn in die Luft." Natürlich kann auch Bernhard sich nicht mehr so begeistern, wie er das als Junge konnte. Er ist aber doch überzeugt davon, dass er noch weitgehend mit dem Vater dieser Komplexepisode identifiziert ist, mehr auf der Seite des Wissens als auf der Seite des Glühens ist. Das würden seine Arbeitskollegen wahrscheinlich nicht so sehen, sie sehen in ihm den begeisterten Mann, der ihnen mit seiner „ewigen Begeisterung" gelegentlich auch zu viel wird. Befinden wir uns auf einem Komplexgebiet, so nehmen wir die Welt im Sinne des Komplexes wahr, unsere Wahrnehmung ist verzerrt.

Jetzt aber ist „glühen" ein Lebensthema: Das Pflegen von einem nachhaltigen Interesse an etwas, das begeistert. Um diesem Lebensthema aber folgen zu können, muss er die Identifikation mit dem Vater in seiner Komplexepisode – sich zu freuen ist weibisch, wenn du dich freust, wirst du enttäuscht werden – aufgeben. Diese Identifikation äußerte sich vor allem ihm selbst gegenüber, aber auch anderen Menschen gegenüber. Konnte er die Begeisterung, die ein anderer hatte, nicht teilen, pflegte er neiderfüllt zu sagen: „So eine Begeisterung ist einfach infantil!" Diese Haltung musste er aufgeben.

Auch in seinen Träumen begegnete ihm diese Problematik. Komplexe sind ja nach Jung die handelnden Personen unserer Träume.[37] Komplexe werden auch in den Träumen dargestellt, verträumt und verarbeitet.

Im Folgenden schildert er einen Traum, den er zu der Zeit geträumt hat, als wir an dieser Komplexepisode arbeiteten:

„Ich bin in der Agentur, meinem Arbeitsplatz. Ich erzähle voll Begeisterung von einer total guten Story. Die Kollegen und Kolleginnen sind zunächst skeptisch – wie immer. Ich rede aber so begeistert, dass auch sie Feuer fangen. Das facht meine Begeisterung noch mehr an. Ich gehe an den Computer, will ein paar Ideen aufschreiben, auch die, die andere beigetragen haben. Der Computer stürzt ab. Nichts geht mehr. ‚Siehst du', sagt ein älterer Kollege. Ich sehe gar nichts, bin stinksauer, brülle herum und erwache."

Bernhard sagt zu seinem Traum:
„Ich war sehr ärgerlich. Zum einen trug ich wohl noch den Ärger im Traum in den Alltag hinein, zum anderen ärgerte es mich, dass ich im Traum die Ideen alle präsent hatte. Das war geradezu ein Drehbuch für einen Film. Und jetzt habe ich keine Ahnung mehr, worum es ging!" „Im Traum", so sagte er, „ging es um ein Jahrhundertwerk!"

Er wunderte sich auch, wie schnell seine Begeisterung in Zorn umschlug. Den älteren Kollegen im Traum gibt es tatsächlich. Er

---

[37] Jung Carl Gustav, GW 8, § 202

schätzt ihn. Bernhard sieht in seinem Hinweis eine Ähnlichkeit mit den Hinweisen, die er in diesen Zusammenhängen von seinem Vater bekommen hat.

„Siehst du", sagt der ältere Kollege. – Was soll er sehen? Wird im Traum die Komplexepisode wiederholt, in der der Vater ihn vor der Begeisterung warnt? Der Vater wäre hier dann durch einen Kollegen dargestellt, den der Träumer allerdings für weniger begeisterungsfeindlich hält als seinen Vater. Der Traum kann subjektstufig gedeutet werden: Wenn er in der Haltung dieses Vaters/Kollegen ist, dann stürzt sein Computer ab, dann ist die ganze Begeisterung weg. In diesem Falle wäre der Traum noch einmal ein Hinweis darauf, dass Bernhard den Vaterpol dieser Komplexepisode verinnerlicht hat, und dass diese aktiviert wird, wenn er begeistert ist. Aber auch bei der Begeisterung wäre einiges zu sehen: Die Begeisterung wird mehr, wenn er sie mit anderen Menschen teilt. Es ist in diesem Zusammenhang aber auch zu fragen, ob er die Begeisterung der anderen braucht, um nicht enttäuscht und depressiv zu werden, so ähnlich, wie seine Mutter die Begeisterung des Kindes brauchte. – Ja, es ärgere ihn, wenn die anderen dann seine Begeisterung nicht teilen könnten, denn er brauche die Begeisterung der anderen, um wirklich begeistert zu sein, so die Antwort Bernhards. Diese Aussage war auch in seinem Traum enthalten. Sind die anderen nicht begeistert, dann hat er in der Tat Angst, „abzustürzen."

Wenn wir mit Träumen arbeiten, dann verknüpfen wir die Inhalte des Traumes, vor allem die Emotionen, mit unseren alltäglichen Situationen, und zwar besonders mit den Problemen, mit denen wir uns gerade beschäftigen. Und so verändert der Traum unser Wachleben und unsere Emotionen, neue kognitive und emotionale Verknüpfungen werden möglich. So gibt der Traum Hinweise für unser Wachleben, wirft ein bestimmtes Licht darauf, verknüpft aber auch unser Wachleben dem Unbewussten.

Die nicht erlaubte Vorfreude

Im Zusammenhang mit dieser Komplexepisode beschäftigte Bernhard vor allem die Vorfreude, die er sich nicht erlaubte. Statt sich die Vorfreude zu erlauben, rede er sich in eine Begeisterung hinein, meinte er.

Der Vater von Bernhard hatte nicht Recht, als er der Vorfreude des Jungen so sehr misstraute. In der Vorfreude wird unsere Vorstellungskraft aktiv. Wir stellen uns vor, was uns große Freude machen würde, wir imaginieren eine Situation, die Freude verspricht. Schon das allein ist viel wert. Wir erlauben es uns – zunächst fast unkontrolliert –, uns unsere Wünsche, unser Begehren als erfüllt vorzustellen. Diese sind getragen von der Hoffnung auf das Bessere, eine Hoffnung, die die Menschen bis zum Tode auszeichnet.[38] Natürlich gibt es Vorlagen, auf denen wir unsere Vorfreude entwickeln: Das sind zum Beispiel Erzählungen von anderen Menschen, aber auch Filme, Romane, jedoch auch alltägliche Erzählungen von Mitmenschen über die Ereignisse, auf die wir uns so sehr freuen. Sogar dann, wenn diese Erzählungen den Aspekt der Enttäuschung mit berücksichtigen, schreckt uns das nur wenig. Wir sind überzeugt: Bei uns wird es besser sein, wir werden die Enttäuschung zu vermeiden wissen. Auch unsere eigenen Erinnerungen spielen bei der Vorfreude eine große Rolle. Und solche Erinnerungen können dann noch etwas geschönt werden. So verbinden sich unsere Wünsche und Sehnsüchte mit etwas geschönten Erzählungen und Erinnerungen, und erfüllen uns in der Imagination des Kommenden mit Freude.

Die Vorfreude hat in sich einen Wert, und zwar ungeachtet davon, ob sich erfüllt, was in der Vorfreude vorgestellt wurde. Die Vorfreude kann uns niemand mehr nehmen.

---

[38] Kast Verena, Aufbrechen und Vertrauen finden.

Sie ist eine interessante Erregung, auf Überraschung aus, ein Gemisch aus Freude, Interesse, Neugier, Erwartung, Hoffnung. Die Vorfreude schaltet in unserem Hirn das Belohnungssystem an. Dieses System wird in solchen Situationen aktiviert. Es spricht auf äußere Reize an, wenn diese sich positiv von all den anderen Reizen abheben, wenn wir Belohnendes erleben oder Reize erfahren, die eine Belohnung versprechen.[39] Das Belohnungssystem reagiert vor allem auf überraschende Ereignisse. Neuronen tief im Innern des Gehirns schütten den Botenstoff Dopamin aus, entweder direkt ins Frontalhirn (das dann besser funktioniert) oder in den *Nucleus accumbens,* der das Dopamin-Signal in ein Opioid-Signal umwandelt, das dann ebenfalls ins Frontalhirn gelangt. Das gehirneigene Opium (man spricht von endogenen Opioiden) macht dann dort ein angenehmes Gefühl."[40] Das Dopamin signalisiert uns, dass hier etwas interessant ist. Neugierde, Lernvermögen, Fantasie, Kreativität, Lust werden in der Folge mehr. Bietet sich uns immer wieder dasselbe dar, flacht unsere Aufmerksamkeit ab. Werden die Erwartungen übertroffen, feuert das System wieder. Das mag einer der Gründe sein, dass wir in den Vorstellungen, die mit der Vorfreude verbunden sind, immer noch etwas dazu erfinden. Die Vorfreude hat also auch aus neurowissenschaftlicher Perspektive in sich einen Wert.

Nun ist allerdings nicht zu leugnen, dass wir hinterher oft enttäuscht sind. Der Mensch ist ein soziales Wesen, und deshalb sind Vorfreude und Freude häufig verbunden mit sozialen Interaktionen. Je enger umschrieben unsere Erwartungen in der Vorfreude sind, besonders auch in Bezug auf das Verhalten der Mitmenschen, das unsere Vorfreude mit beeinflusst, umso eher werden wir enttäuscht sein. Gerade das Spezielle, das wir uns vor-

---

[39] Spitzer Manfred (2003) Weihnachten im Gehirn. www.zeit.de/N-Weihnachten im Gehirn
[40] Spitzer Manfred, Weihnachten, S. 2

gestellt haben, ist dann etwa nicht eingetreten. Je weniger präzise die Erwartung an unsere Mitmenschen ist, je mehr es uns gelingt, verschiedene Szenarien vorzustellen, die uns alle mit Freude erfüllen könnten, umso weniger enttäuschbar sind wir.

Man kann natürlich auch mit der Enttäuschung rechnen und aus ihr etwas lernen. Sie zeigt uns in der Regel, wo wir uns selber, aber auch unsere Mitmenschen falsch eingeschätzt haben.

Die Vorfreude dreht unser Belohnungssystem an. Distanzieren wir uns von der Vorfreude, verderben wir uns oder anderen die Vorfreude, müssen wir dieses Belohnungssystem auf eine andere Weise reizen, durch andere „Lüste", allenfalls auch durch eine Sucht.[41]

Konkret stellte sich Bernhard die Frage: „Darf ich mich auf einen Roman freuen, den ich mir vorgenommen habe zu schreiben?" Er weiß bisher nur, dass er einen wunderbaren Roman schreiben möchte. Auch weiß er, wie dieser Roman nicht sein soll: „Es gibt ja schon so viele Romane auf der Welt, die nichts taugen." Genügt das, um sich darauf zu freuen? Fast unversehens gerät man in die Position des Vaters der Komplexepisode, der warnt: ‚Freu dich bloß nicht zu früh.' Es ist nun zu differenzieren: freut er sich auf das Schreiben des Romans, auf das Entwickeln des Zusammenspiels der Figuren, darauf, dass er im Roman ein Leben entwerfen kann, das es so nicht gibt? Oder freut er sich auf das „Jahrhundertwerk"? Mit anderen Worten: Ist sein Interesse[42] sachbezogen, bezieht es sich auf den kreativen Prozess, oder hat er ein narzisstisches Interesse: sieht er sich bereits als neuer Star am Literaturhimmel?

Nun hat niemand nur ein rein sachliches Interesse, aber auch

---

[41] Breiter H. et al (1997) Acute effects of cocaine on human brain activity and emotion. In: Neuron 19, S. 591-611, 1997
[42] Kast Verena, Interesse, S. 90 ff.

kaum jemand ein bloß narzisstisches Interesse. Die Vorfreude darauf, einmal noch etwas ganz Wunderbares zu schaffen, ist natürlich auch eine Vorfreude, die in sich einen Wert hat. Und wenn es gelingt, die Vorfreude so zu sehen, eben als eine Freude, die noch nichts über das endgültige Resultat aussagt, ist sie ein Stimulans für die harte Arbeit, die ihn erwartet, und dagegen ist gewiss nichts einzuwenden.

„Ich will glühen" muss in ein konkretes Thema oder auch in konkrete Themen übersetzt werden. Damit etwas glühen kann, braucht es eine Materie, die man zum Glühen bringen kann. Gerade wenn ein Thema nicht sofort konkret wird, regt es unser Nachdenken besonders an, bewirkt, dass wir das Leben in Verbindung mit diesem noch unfertigen Thema bringen, und so ergibt sich ein Netzwerk von möglichen Konkretisierungen. Bedeutsam aber ist vor allem, dass das Leben unter der Perspektive dieses neuen Lebensthemas gesehen wird, das Leben hat einen neuen Fokus.

Bei diesem Beispiel wird besonders deutlich, dass in den Komplexen ein Lebensthema, ein Entwicklungsthema verborgen ist: Wird man daran gehindert, ein wichtiges Lebensthema zu verfolgen, bildet sich ein Komplex. Dieses gehemmte Lebensthema wird zu einem Lebensproblem. Man kann es wieder entbinden, wenn es gelingt, die Komplexepisode zu verändern.

An diesem Beispiel wird auch deutlich, dass ein Lebensthema über längere Zeit im Hintergrund bleiben kann, sich zunächst als ein Problem zeigt, das immer gravierender wird, wie in Bernhards Jähzornsanfällen, und dass dann das gehemmte Lebensthema, auch altersgemäß – gefunden und später auch realisiert werden kann.

Aber nicht nur die Vorfreude kann verdorben werden: Auch die Freude selber wird gelegentlich verdorben.

„Mir verdirbt man immer die Freude"

Ein 43-jähriger Mann, ich nenne ihn hier Otto, ist sehr erfolgreich, fühlt sich aber „abgestellt", freudlos. Er hat einfach keine Lebensfreude, ist aber nicht im klinischen Sinne depressiv. Die Menschen in seiner Umgebung seien auch freudlos, oder vielleicht würden sie es mit der Zeit ebenfalls. Er stelle fest, dass seine Kinder in seiner Anwesenheit auch etwas freudlos seien, mit anderen Menschen zusammen seien sie viel freudiger, unbeschwerter. Er verlange dann von ihnen, sie sollten bei ihm auch freudiger sein, aber das gehe natürlich nicht. „Man kann ja Freude nicht befehlen."

Er sagt: „Aber mir verdirbt man sowieso immer die Freude. Andere haben freudige Kinder. Wenn ich etwas mit meinen Kindern mache, das ihnen Freude bereiten soll, dann sind sie bestimmt nicht freudig. Mir ist dann auch die Freude verdorben.

Wenn ich mit meinem Team feiern gehen will, dann freuen die sich nicht. Fast alle sagen ab, haben einen guten Grund, nicht mit mir zu feiern. Die verderben mir auch die Freude. Eine Mitarbeiterin, die uns verließ, gab mir eine Antwort auf die Frage, warum hier nicht gefeiert werden könne. Sie sagte, ich könne gar nicht feiern, es komme einfach keine Stimmung auf, und das sei mühsam."

Erinnert er sich an eine Situation, in der ihm die Freude so verdorben wurde, dass ihm diese Situation noch heute präsent ist, noch heute ab und zu in den Sinn kommt?

„Ich war etwa acht Jahre alt: Wir haben voll Begeisterung Purzelbäume geschlagen, Hechtrollen geübt. Wir waren einige Jungen und wir versuchten, einander zu übertreffen. Mein Großvater schaute begeistert zu und feuerte uns an. Dann kam meine Mutter und beendete unser Spiel. Sie sagte: ‚Du trägst deine besten

Sachen!' Und: ‚Morgen hast du dann wieder Kopfschmerzen, du brauchst dann nicht zu klagen.' Und am Abend sagte sie: ‚Kannst du dir nicht andere Freunde suchen?' Sie meinte damit Kinder, die weniger wild waren, die eher Bücher lasen."

Auf die Frage, wie er seine Reaktion auf die mütterliche Intervention erinnert, erzählt er:

„In der Situation reagierte ich mit Wut und großer Scham. Wut, dass das schöne Spiel zum Erliegen kam. Scham, weil alle meine Kumpels jetzt hörten, dass ich oft Kopfschmerzen hatte, dass ich ein Schwächling war. So deutete ich selber meine Kopfschmerzen, andere Kinder hatten keine Kopfschmerzen, nur ich! Das hat mich sehr beschämt. Ich wollte doch genauso belastbar sein wie die anderen und war es wahrscheinlich auch. Das mit den Kleidern, das war schon ein Punkt: Den verstanden wir alle. Wir hatten nicht so viel gute Kleider und es war schon falsch, so herumzutollen in den guten Kleidern."

Den Großvater erinnert er so: „Großvater schaute begeistert zu, er hat sogar ausprobiert, ob er auch noch einen Purzelbaum schlagen kann. Das war oft so, nicht nur dieses eine Mal, als uns die Mutter erwischt hat. Wir wurden dann alle immer begeisterter, es gab dann eine unsanfte Landung. Und die Mutter meinte jeweils kopfschüttelnd, der Alte müsste es doch eigentlich besser wissen."

Mit dem Großvater konnte sich ein Freudenzirkel entwickeln: Die Freude des einen stimulierte die Freude der anderen, was wiederum noch mehr Freude auslöste. Aber Otto konnte diesen Aspekt der Freudenvermehrung nicht einfach als eine gute Erfahrung stehen lassen. Er übernahm die Wertung der Mutter: „Es oder er ist schon ein wenig kindisch."

Dass der Großvater begeistert zugeschaut habe, meinte Otto, habe ihm das Gefühl gegeben, das Spiel sei doch ein wenig in Ordnung. „Aber die Kritik der Mutter – sie hat ja auch den Großvater kritisiert – war viel gravierender. Sie war im Alltag meine wichtigste Bezugsperson, ihr wollte ich gefallen oder zumindest nicht sehr missfallen."

Schon bevor ihm die Mutter die Freude verdirbt, wird die Freude schon als etwas Kindisches hingestellt und wird bereits „verdächtigt".

Wie wird die Komplexepisode mit der Mutter erlebt?
 Otto fühlte sich bei diesem Spiel richtig lebendig, begeistert, genauso gut wie der anderen. Die Mutter suggeriert ihm mit ihrem Eingreifen, dass das, was er da tut, nicht in Ordnung ist. Es verdirbt die Kleider, es schadet körperlich, beeinträchtigt die Gesundheit, ist primitiv. Lesen hält sie für viel besser.
 Ihre Hauptbotschaft aber war: „Es ist nicht in Ordnung, sich so zu freuen."

Otto hat den Mutterpol dieser Komplexepisode gut verinnerlicht. Während seiner Geschäftsreisen, so erzählt er, möchte er manchmal gerne joggen gehen. Meistens aber hat er keine Sportkleidung dabei – und die guten Kleider mag er nicht verschwitzen oder nicht noch zusätzlich verschwitzen. Also geht er nicht joggen. Stattdessen versucht er dann, etwas Anspruchsvolles zu lesen. Das aber gelingt ihm oft genug nicht. Das ist auch verständlich, denn er möchte ja eigentlich joggen gehen. Er möchte ausspannen, in Kontakt mit seinem Körper kommen. Eigentlich würde er auch gerne häufiger Ski fahren. Aber er tut dies meistens nicht aus Angst, er könnte sich dabei übernehmen und dann einige Tage nicht fit sein. In einer ähnlichen Weise verdirbt er auch seinen Kindern die Freude. Er erinnert sie daran, dass die Kleidung geschont werden muss, ja sogar die Sportkleidung; und er warnt in jeder Situation vor körperlicher Überlastung. Seine Kinder wehren sich und beschweren sich darüber, dass er ihnen ständig die Freude verderbe. Und dann ist auch ihm die Freude verdorben.

Doch ihm ist nur wenig bewusst, dass er es ist, der sich selber die Freude verdirbt.

Es gibt also Menschen, die Freude zum Erlöschen bringen: Dann kann Freude entweder gar nicht geteilt werden oder nur in einem ganz bestimmten Rahmen. Mit diesen Menschen wird man kaum die Situationen herstellen oder aufsuchen, die wirklich Freude auslösen.

Besonders Erfahrungen mit dem Körper können viel Freude auslösen: die Freude an der Bewegung, die Freude am Genießen mit allen Sinnen, die wir haben, die Freude an körperlicher Nähe. Werden uns diese Freuden in der Kindheit verdorben, bewirkt das nicht nur, dass wir wenig freudig sind und unsere Lebensfreude beeinträchtigt ist. Auch das Selbstwertgefühl leidet darunter. Gerade Kinder können Erwachsene mit ihrer oft noch ungehemmten Freude anstecken. Lassen diese sich dann anstecken und wenden sich in der Folge dann mit einer freudigen Resonanz den Kindern wieder zu, verstehen diese sich als „erfreuliche Wesen", ihr Selbst, ihr Selbstgefühl und ihr Selbstwertgefühl werden gestärkt.[43]

Warum wird die Freude nicht geteilt? Oft geschieht das aus Neid. Menschen, die sich freuen, haben etwas sehr Begehrtes, denn sie zeigen, dass sie sich am Leben freuen können, und das ist ein großer Reichtum.

Die Mutter von Otto scheint allerdings nicht neidisch, sondern eher sehr ängstlich zu sein. Sie versucht, Angst zu vermeiden, und damit vermeidet sie auch Freude. Ihr Wertesystem ist eher körperfeindlich orientiert – und diese Orientierung hat auch ihr Sohn übernommen: Geistige Freuden gelten auf jeden Fall als besser als körperliche Freuden. Doch man erlebt wohl am meisten Freude, wenn man beide Freuden im Leben erleben kann.

---

[43] Kast Verena, Trotz allem Ich, S. 202

Was ist das verborgene Lebensthema?

Auch in dieser Lebensgeschichte zeigt sich das Lebensthema, nachdem es Otto deutlich wurde, dass ihm nicht nur die anderen die Freude verderben, sondern dass und wie er sich und anderen Menschen die Freude verdirbt. Er konnte mehr und mehr seine wirklichen Freuden zulassen. Dabei musste er viel Mut zur Angst entwickeln und sich immer wieder fragen, ob seine wichtigste Absicht es sei, die Angst zu vermeiden oder Freude zuzulassen.

Zwei Lebensthemen wurden immer deutlicher:

„Ich möchte alles mit allen Sinnen genießen, was es zu genießen gibt."

Und: „Ich möchte Freude mit anderen Menschen teilen."

Vielen Menschen werden schon in der Kindheit bestimmte Erfahrungen von Freude verdorben. In der Weise, wie uns die Freuden als Kind verdorben worden sind, verderben wir sie später auch anderen. Wenn wir uns dessen aber bewusst geworden sind, dann können wir etwas dagegen unternehmen. Und glücklicherweise haben Kinder jedoch auch immer geheime Freuden, die, da nicht sichtbar, nicht verdorben werden können. Auf diese Freuden, die tatsächlich erlebt wurden, kann man später bewusst zurückgreifen.

Komplexepisoden im Bereich der verdorbenen Freude werden selten von Analysanden und Analysandinnen ohne Aufforderung geschildert. Es scheint den meisten Menschen nicht klar zu sein, wie beeinträchtigend für das Lebensgefühl es ist, wenn die Freude einem konsequent verdorben wird. Oder haben wir uns einfach daran gewöhnt, dass uns die Freude ständig verdorben wird?[44]

---

[44] Kast Verena (1991) Freude, Inspiration, Hoffnung. Olten

„Wenn ich nicht alles selber mache, geht immer alles schief"

Ein 42-jähriger Mann, ich nenne ihn hier Xaver, fühlt sich überlastet, so sehr überlastet, dass er nicht mehr ein und aus weiß. Er schläft kaum mehr, hat keinen Appetit mehr, leidet unter Konzentrationsschwierigkeiten, fühlt sich gestresst, ist ständig schlechter Laune. Am liebsten ginge er für drei Monate in die Berge, auf eine Alphütte, wo er allein ist. Aber das geht nicht: Er hat sein eigenes Geschäft. Darin arbeiten zwar noch zwei Mitarbeiter, aber die seien total abhängig von ihm: „Ohne mich läuft da gar nichts." Auch wegen seiner Familie kann er nicht weggehen, seine Frau sei „total" abhängig von ihm. Sie sei mit den beiden Söhnen, die 14 und 16 Jahre alt sind, allein „total überfordert." Er sagt: „Es sind nicht nur die Söhne, sie ist auch sonst von der Situation überfordert. Die Söhne sind in der Schule überfordert, dann müssen wir noch lernen mit ihnen. Damit das etwas wird, muss ich das selber machen, das kann meine Frau nicht übernehmen. Es ist total schwierig."

Spricht man mit ihm, überträgt sich ein Gefühl der Atemlosigkeit und der Ausweglosigkeit: Großer Stress ist spürbar. Auf die Frage, ob denn nicht eine außenstehende, geschulte Person das Lernen mit den Söhnen übernehmen könnte, meinte er, das führe zu gar nichts. „Wenn ich nicht alles selber mache, dann geht immer alles schief." Und er ist auch stolz darauf, dass er so unersetzbar ist – im Geschäft und in der Familie. Normalerweise geht das gut, aber seit er im letzten Winter eine langwierige Grippe hatte, ist er nicht mehr so belastbar. Irgendetwas muss sich verändern. Aber nichts kann man verändern – und das mag in der Konsequenz bedeuten: Nichts darf sich verändern.

Gibt es eine Komplexepisode, die diese Notwendigkeit, alles selber machen zu müssen, erklärt?

„Ich war früh sehr selbständig. Bei uns zu Hause wurde man nicht so verwöhnt. Irgendwie war das Motto ‚Friss oder stirb‘."

Ich frage ihn, ob er eine Situation erinnern könne, bei der dieses Motto zum Tragen gekommen sei.

„Wir gingen schwimmen, ich war etwa acht Jahre. Ich konnte noch nicht richtig schwimmen. Irgendwie hatte ich es geschafft, auf ein Floß zu kommen, das im See lag. Ich weiß nicht mehr wie. Jetzt musste ich aber irgendwie wieder zurück ans Ufer kommen. Mein Vater, der mit den anderen am Ufer war, sagte: ‚Es ist mir egal, wie du es machst. Wenn du hinaus gekommen bist, kommst du auch wieder herein. Wir räumen jetzt zusammen und gehen nach Hause.‘ Ich war ganz verzweifelt auf diesem Floß – voller Angst. Die anderen räumten wirklich zusammen – und wie hätte ich dann nach Hause kommen sollen? Ich bat den Vater, mir zu helfen. Der Vater sagte: ‚Du siehst doch, dass ich bereits angezogen bin. Ich fand es gut, dass du es bis aufs Floß geschafft hast, aber jetzt komm auch wieder hierher.‘ Ich habe mich dann ins Wasser gestürzt und bin mit viel Keuchen und Wasserschlucken zum Ufer geschwommen. Der Vater sagte: ‚Siehst du, es wäre ohne Theater auch gegangen.‘"

Xaver erinnert sich, dass er oft um Hilfe gebeten hat, auch als er noch kleiner war, doch er habe damit immer die Verachtung seines Vaters auf sich gezogen. „Also habe ich gelernt, nicht mehr um Hilfe zu bitten. Ich war aber immer auch stolz darauf, dass ich die Sachen selber machte, und damit habe ich auch die Achtung meines Vaters erworben."

Und was ist mit der Angst geschehen?

Die Angst hatte er überwunden, musste sie immer wieder überwinden: „Mit der Zeit hatte ich überhaupt keine Angst mehr. Ich war und bin ein richtiger Draufgänger, Angst kenne ich nicht." Auch das sagte er voll Stolz. Dann fiel ihm ein, dass er in seiner jetzigen Lebenssituation durchaus Angst hatte, und deshalb sogar mich, eine Psychotherapeutin, aufsuchte. Er wollte zu diesem Zeitpunkt aber keine Therapie, sondern eine Beratung darüber, was er in seiner Situation mache könne, damit es ihm wieder gut geht.

Xaver ist identifiziert mit dem Vaterpol seines Überforderungskomplexes. Sein Vater hat ihn in seiner Autonomieentwicklung forciert, hat Selbständigkeit gefordert, wo eine Mischung von Freude an der Selbständigkeit und eine unaufdringliche, seinem Alter angemessene, Hilfestellung nötig gewesen wäre. Damit ist die Entwicklung zu einem „Kontraphobiker" gefördert worden: Anscheinend hat Xaver vor nichts auf dieser Welt Angst. Eine solche Haltung ist gefährlich, denn die Angst zeigt uns ja auch, wo wir von einer Gefahr ergriffen sind, wo wir uns schützen müssen, oder wo wir anders mit dem Leben umgehen müssen.[45] Xaver verlangt heute noch von sich, wie es damals der Vater von ihm verlangt hat, dass er seine Sachen ausschließlich selber macht. Dieses aus dem Komplex resultierende Lebensthema: „Ich mache alles selber, brauche niemanden und bin stolz darauf" scheint jetzt jedoch in eine ausweglose Situation zu führen. Es ist nicht zufällig, dass er den Beginn seiner jetzigen Krise mit einer langwierigen Grippe in Zusammenhang bringt. Um so sehr autonom sein zu können, muss man einen gesunden Körper haben. Eine langwierige Grippe bringt Gedanken von Schwäche, von Hilflosigkeit, vor allem aber das Gefühl der Abhängigkeit vom eigenen Körper auf, vielleicht sogar von Altern. Doch für das Alter ist sein Lebensthema wenig geeignet.

Ich rege Xaver an, sich in die beiden Pole der Komplexepisode vom Schwimmen einzufühlen. Er kann sich gut in den Vater ein-

---

[45] Kast Verena (1996) Vom Sinn der Angst. Wie Ängste sich festsetzen und wie sie sich verwandeln lassen. Freiburg im Breisgau

fühlen; er selber ist mit seinen Söhnen ähnlich umgegangen, die sind aber auf dem Floß geblieben, um im Bild zu bleiben, weil seine Frau eingriff, die sie in solchen Situationen jeweils Huckepack geholt hat. Das erzählt er mit einiger Missbilligung: „Der Vater wollte, dass aus mir ein richtiger Mann wird." Die Söhne werden dank der Hilfsbereitschaft der Mutter, so lässt es sich vermuten, keine richtigen Männer.

Die Einfühlung in ihn als Kind ist schwieriger: Aus der Position des Vaters verurteilt er zunächst diesen Weichling. Als ich ihn frage, wie sich denn dieses Kind gefühlt haben könnte, sagt er: „Das hat natürlich sehr viel Angst, das hat sich überfordert gefühlt. Das hatte vielleicht Todesangst."

Ob er sich in dieses Gefühl noch einfühlen kann?

„In das Gefühl weniger, aber ins Alleinsein. Genau so allein fühle ich mich jetzt auch wieder."

„Und auch jetzt dürfen Sie niemanden um Hilfe bitten?"

„Ich darf schon, aber es nützt nichts! Niemand wird mir helfen. Und wenn mir jemand hilft, dann finde ich es nicht richtig."

Wir überlegen uns, wie man diesem Kind hätte helfen können, ohne dass man ihm die Selbständigkeit genommen hätte. Der Vater hätte nicht sagen dürfen, dass sie ohne ihn nach Hause gehen würden. Und er hätte doch ein paar Schritte ins Wasser machen können, ihm ein wenig entgegenkommen dürfen, eine ausgestreckte Hand hätte wahrscheinlich ausgereicht.

Um diese ausgestreckte Hand ging es nun. Das gute Selbstwertgefühl bezog Xaver vor allem daraus, dass er alles selber machen konnte. Es ging also darum, ihm dieses gute Selbstwertgefühl zu lassen. Seine Selbständigkeit hatte er in seinem Leben immer wieder bewiesen, und diese ist ihm in hohem Maße geblieben; diese Erfahrung kann ihm niemand nehmen. Aber gerade deshalb, kann und darf er jetzt auch bei Bedarf Hilfe annehmen.

Die Lebensthemen, die sich herausschälten, waren denn auch:

„Ich will so selbständig wie möglich sein, aber ich will auch meine Hand ausstrecken, um Hilfe zu bekommen, wenn ich sie brauche."

Und: „Ich will auch ausgestreckte Hände annehmen".

Eine solche Hand reichte ihm sein Vater. Sein jetzt im Ruhestand lebender Vater, der früher denselben Beruf ausübte wie sein Sohn, bot sich an, einen Monat in der Firma mitzuarbeiten. Dann müsste er so weit sein, dass er seinen Sohn einen Monat lang vertreten könnte. Es fiel Xaver schwer, diese Hilfe anzunehmen. Aber er verstand, dass dies nun einmal eine ausgestreckte Hand war. Diese Erfahrung löste ein neues Lebensgefühl bei ihm aus: „Ich habe das Gefühl, in einer schwierigen Situation nicht allein zu sein und kompetente Hilfe zu bekommen."

Er verstand, dass seine Frau in der Erziehung der Söhne seine harte Haltung kompensierte, und dass er ihr gegenüber in der Haltung des Vaters in seiner geschilderten Komplexepisode war. So überfordert mit der Erziehung der Söhne, wie er gedacht hatte, war sie gar nicht. Sie hatte allerdings einen ganz anderen Erziehungsstil als er, und erst nach und nach ging ihm auf, dass dieser Erziehungsstil durchaus wertvoll war. Er vermutete auch, dass seine Söhne ihn scheitern ließen: Sie wollten nicht so selbständig sein wie er, deshalb suchten sie – auch etwas forciert – ständig Hilfe.

„Ich muss immer alles selber machen" – eine Variante

Eine 62-jährige Frau, ich nenne sie hier Irene, beklagt sich, dass sie immer alles selber machen muss: Wenn sie es nicht macht, dann macht es niemand, zumindest niemand in der Zeitspanne, die sie für die richtige hält. Sie wird, wenn sie die Arbeit anderen überlässt, in ihrem Rhythmus gestört, letztlich ist alles mühsamer, als wenn sie es selber macht. Sie ist sehr aufmerksam, nimmt vieles wahr und auf und ist rasch in ihren Ausführungen. Dadurch werden ihre Mitmenschen immer nachlässiger und Irene beklagt sich: „Ich muss immer alles selber machen, ich muss an alles denken, es wäre schön, wenn die anderen mitdenken würden. Ich weiß, dass ich selber an dieser Entwicklung beteiligt bin – dennoch, es wird mir manchmal zu viel, und dann habe ich das Gefühl, dass ich sehr viel ins Gemeinschaftsleben hineingebe, dass das auch gern in Anspruch genommen wird, dass man meine Bedürfnisse aber einfach übersieht. Ich erlebe es nicht als bösartig, sondern als gedankenlos."

Wo zeigt sich dieser Komplex?

„Hausarbeiten müssen gemacht werden. Und ich sage, was getan werden muss. Mein Partner fragt zum Beispiel: ‚Wo ist der Staubsauger? Wie macht man ihn an?' Ich werde rasend: alle Staubsauger funktionieren doch in etwa gleich. Ich sage wutschnaubend: ‚Verzieh dich, ich mache das selber.' Und jetzt weiß ich wieder, ich muss alles allein machen. Ich bin dann noch eine Weile wütend, und dann verzieht sich die Wut wieder und macht einer Resignation Platz. Aber jetzt werde ich älter, und manchmal bräuchte ich auch Hilfe. Ich befürchte, und das ist so eine schleichende Angst, dass ich die notwendige Hilfe nicht bekommen werde."

Gibt es eine Schlüsselsituation für diese Komplexkonstellation in der Kindheit?

„Eigentlich nicht. Man hat mir allerdings immer wenig geholfen. Meine Geschwister waren älter und so erwarteten alle, die Eltern und die Geschwister und ich auch, dass ich auch kann, was diese können. Und das habe ich auch bald gekonnt. Aber ich war stolz darauf, dass ich so eigenständig war. Um Hilfe habe ich nur im Notfall gebeten.

Vielleicht habe ich das auch geerbt: meine Mutter sagte jeweils: ‚Wer viel fragt, wird weit gewiesen.' Selbständigkeit war in unserer Familie ein hoher Wert."

Möglicherweise erzählt Irene hier bereits von der Kompensation einer Komplexepisode, die sie nicht mehr erinnert. Man könnte sich vorstellen, dass zu einem gewissen Zeitpunkt eine Überforderung durchaus vorhanden war, die sich in einer Komplexepisode hätte niederschlagen können.

Ich frage nach Situationen, in denen sich Irene als Kind sehr gefordert gefühlt hat. Irene erinnert sich: „Ich war zehn Jahre, mein Bruder zwanzig. Ich durfte mit ihm auf eine Skitour gehen – ein Aufstieg mit Fellen an den Skiern war geplant, eine sehr attraktive Einladung – ausgesprochen aber nur unter der Bedingung, dass mein Bruder nie auf mich warten müsse. Ich ließ mich selbstverständlich darauf ein, und ich weiß heute noch, dass ich das Letzte aus mir herausholte, damit mein Bruder nicht warten musste. Irgendwie schaffte ich es auch, und ich war stolz. In der Erinnerung habe ich aber eher Mitleid mit der kleinen Irene, die möglicherweise die Aussage ihres Bruders zu ernst genommen hatte. Ich kann mich aber nicht erinnern, dass ich damals gelitten hätte. Ich hatte auch nicht Angst, dass ich es nicht schaffen würde, sonst hätte ich mich wahrscheinlich auf das Ganze nicht eingelassen. Aber ich war bestimmt am Leistungslimit. Aber eigentlich mag ich das ganz gern, und mochte es vielleicht schon damals. Oder ich hatte einfach keine andere Wahl."

Irene war herausgefordert, und sie nahm die Herausforderung an. Daraus ergab sich ein Lebensthema:

„Wenn immer möglich mache ich etwas allein." Und: „Schwierige Situationen will ich als Herausforderung verstehen." Die

Position der Herausforderer ist verinnerlicht. Auch anderen Menschen gegenüber: Irene fordert große Selbständigkeit von den Menschen, mit denen sie zusammen arbeitet, hilft ihnen aber durchaus.

„Schwierige Situationen will ich als Herausforderung verstehen" – auch dies ein Lebensthema. Es ist eine Haltung, die psychische Widerstandsfähigkeit begünstigt, die aber einseitig werden kann. Es ruft nach einem Ausgleich. Und so kann das Lebensthema Irenes nun lauten:

„Ich will auf die Hilfe von anderen Menschen vertrauen."

Dieser Komplex und die damit verbundenen Lebensthemen treten – ähnlich wie bei Xaver – in den Vordergrund, weil das Alter sich ankündigt, ein Lebensübergang sich ankündigt, der eine entsprechende Anpassung des Lebensthemas erfordert.

Sich einen Spielraum schaffen

Bestimmte Lebensthemen werden im Laufe eines Lebens nicht weiter verfolgt, und das hat meistens gute Gründe. Sie gehen verloren oder treten in den Hintergrund. Anlässlich von Lebensübergängen werden sie, wenn sie wirklich zu unserer Persönlichkeit gehören, wieder belebt. Sie werden als Sehnsüchte erlebt, zeigen sich in Fantasien, in Tagträumen und Träumen.

Übergangsphasen bringen wir oft mit runden Geburtstagen in Verbindung, aber auch mit Situationen, in denen das Leben sich abrupt verändert, zum Beispiel wenn der Partner oder die Partnerin stirbt oder wenn man sich von einem wichtig gewordenen Menschen trennt. An diesen Übergängen des Lebens wird bilanziert und hinterfragt: War es bis jetzt das Leben, das man leben wollte? Was muss verändert werden? Meistens ist man dabei aber gar nicht besonders veränderungsfreudig.

Übergangsphasen sind Phasen der Labilität und verbunden mit Angst, Spannung und Selbstzweifeln; Konflikte, die habituell zu unserem Leben gehören, Schwierigkeiten, die wir schon immer hatten, werden reaktiviert und haben Auswirkungen auch auf der körperlichen Ebene. Komplexhafte Reaktionen, von denen wir denken, dass sie weitgehend der Vergangenheit angehören, treten wiederum auf. Labilität und erhöhte Konfliktanfälligkeit verstärken sich gegenseitig. So macht uns nicht nur der jeweilige Lebensübergang mit seinen typischen Anforderungen zu schaffen, zusätzlich können alte Konflikte und damit alte Lebensthemen neu aufflackern. Und diese können dann bearbeitet werden. Zunächst aber ist man unzufrieden. Diese Unzufriedenheit ist Zeichen dafür, dass das, was uns gerade noch als gut erschienen ist in unserem Leben, womit wir einverstanden waren, hinterfragt werden muss: Neue Entwicklungsthemen werden uns gestellt, die Lebensthemen können überprüft und auch verändert werden. Nicht selten brechen an diesen Übergängen alte Wünsche wieder auf, alte Sehnsüchte, Tagträume, Vorstellungen, wie das Leben auch gelebt werden könnte: Das ist der Stoff für Lebensthemen. Und diese neu erlebten, oder vielleicht auch neu verstandenen Lebensthemen können in einer neuen Weise mit bestehenden Lebensthemen verknüpft werden.

Im Zusammenhang mit den wieder aufflackernden alten Konflikten an den Lebensübergängen und auch mit den verloren gegangenen Lebensthemen stößt man oft auf Komplexepisoden, die einmal prägend waren, deren Entwicklungsthemen aber zu wenig aufgenommen worden sind. Sie können auch, verbunden mit mehr Lebenspraxis und einem stabileren Selbstwertgefühl, noch einmal in einer ganz anderen Form gelebt werden.

In den Problemen, mit denen wir uns im Alltag herumschlagen, sind wichtige Lebensthemen verborgen. Das gilt besonders auch für die unangenehmen Konflikte, die unser Leben immer wieder bestimmen, obwohl wir das jeweilige Problem eigentlich recht gut kennen und es meistens vermeiden wollen. Sind einige wenige Komplexe prägend für unser Leben, sind damit oft klar umschriebene Lebensthemen verbunden. Man kann sich nicht vorstellen, dass das Leben auch anders sein könnte. Man fühlt sich dabei jedoch auch nicht gut – es ist wie ein Zwang, unter dem die Gestaltung des Lebens steht. Man hat nicht die Freiheit, etwas anderes zu wünschen und diese Wünsche – zumindest teilweise – auch zu verwirklichen. Diese aus der Not geborenen Lebensthemen helfen schmerzhafte, zutiefst verunsichernde Erfahrungen, die zum Komplex geführt haben, im künftigen Leben zu vermeiden. Es zeugt von der Stärke des Menschen, dass er auch in sehr schwierigen Lebenssituationen ein Lebensthema und eine damit verbundene Strategie finden kann, die bewirkt, dass man nicht wieder in den gefürchteten Zustand der Hilflosigkeit und Ohnmacht gerät. Diese Strategien der Kompensation helfen aber nur für eine gewisse Zeit und sie engen das Leben zu sehr ein. Diese kompensatorischen Strategien brauchen zu ihrer Umsetzung viel zu viel Energie, und sie betreffen meistens nur einen Aspekt des Selbst, andere, ebenfalls mögliche Lebensthemen, die andere Aspekte des Selbst betreffen, können nicht gelebt werden. Die Folgen davon: Man hat keine Freiheit in der Gestaltung des eigenen Lebens. Man steht unter dem Eindruck, unter den eigenen Lebensmöglichkeiten zu bleiben. Man hat ein schlechtes Selbstwertgefühl. Es fehlen Ideen, die einen ausfüllen oder gar begeistern. Man hat keine Spielräume im Leben. Die Arbeit an den Komplexepisoden ermöglicht es, wiederum einen Spielraum zu gewinnen, sich vorstellen zu können, dass das Leben auch anders sein kann, dass man mehr Möglichkeiten der Gestaltung hat, als man gemeint hat. Dieses eine, aus der Not geborene Lebensthema kann nun ergänzt werden durch einige andere Lebensthemen, zunächst besonders durch die, die durch die Entwicklung, die zu komplexhaften Beziehungsepisoden geführt haben, durchkreuzt worden sind. Sind diese einmal zugelassen und handlungsbestimmend, dann ist die Zukunft wieder offen, dann ist die Zukunft nicht einfach eine Wiederholung der Vergangenheit.

Aber auch bei weniger prägenden Komplexepisoden ist es hilfreich, nicht nur den damit verbundenen Beziehungskonflikt zu sehen, sondern auch das darin enthaltene Entwicklungsthema; auch da ist es wichtig, den Blick darauf zu richten, welche Lebensthemen, welche Vorstellungen, welche Wünsche angesprochen sind. Diese beidäugige Sichtweise verändert die Beziehung zu sich selbst – man wird konflikt- und komplexfreundlicher – und entwickelt ein besseres Selbstwertgefühl. Diese Sichtweise motiviert auch zum Erproben der neuen Lebensthemen im konkreten alltäglichen Leben, macht freier und kreativer, und trägt auch wesentlich dazu bei, die Beziehungen zu anderen Menschen zu verändern. Die Beziehungen sind dann wesentlich weniger geprägt von den komplexhaften Beziehungsmustern, und damit von den Erfahrungen der Vergangenheit, die die Zukunft verstellen.

Eine Bemerkung zur beidseitigen Sichtweise von Astrid, die als Fünfjährige die Schuld für das Zerschneiden der Tischdecke übernehmen musste: „Ich finde es toll, die Möglichkeit zu haben, aus den Komplexepisoden Lebensthemen formulieren zu können. Man kommt endlich von diesem ewigen negativen Zurückdenken weg und findet zu einer positiven Betrachtung der eigenen Entwicklung. Man ist ganz erstaunt, was sich plötzlich für ein Bild auftut. Die Formulierung von Lebensthemen befreit und führt weiter, das Starren auf die Komplexepisoden hält fest, verhindert eine Weiterentwicklung."

Das beidseitige Sehen, das sowohl den Konflikt als auch die darin verborgenen Lebensthemen im Blickpunkt haben, nimmt die Probleme ernst, schafft aber auch eine Distanz zur Einengung durch das Komplexhafte und öffnet damit die Zukunft: man kann Vorstellungen entwickeln, wie diese auch sein könnte. Statt zu sagen: Heute habe ich einen interessanten Menschen getroffen, aber er wird sich wie immer für mich nicht interessieren, könnte es dann heißen: Heute habe ich einen interessanten Menschen getroffen, ich bin neugierig darauf, was sich zwischen uns entwickeln wird. So gedacht und gefühlt ist die Zukunft wieder offen, und der Komplex hat seine gestaltende Macht eingebüßt. Wir können eher das leben, was in uns angelegt ist, wir können entdecken, dass es immer auch noch ungelebte Aspekte unseres Selbst gibt, die zu verwirklichen uns Freude machen und uns das Leben als sinnvoll erleben lassen.

Und Ihre eigenen Lebensthemen?

Welche Fantasien für Ihr Leben hatten Sie, als Sie 20 Jahre alt waren? Welche davon haben Sie anderen Menschen mitgeteilt, welche ganz für sich selber behalten?

Gab es eine Zeit in Ihrem Leben, als Sie von einem Interesse ganz und gar in Beschlag genommen waren?

Falls ja, wo ist dieses Interesse heute?

Keimen in Ihrem Leben neue Interessen auf?

Werden Interessen, die Sie als Jugendlicher oder als Jugendliche hatten, wieder lebendig?

Manchmal können wir nicht das verwirklichen, was wir verwirklichen möchten. Das ärgert oder betrübt uns. Welche Verhinderungen ärgern Sie am meisten?

Haben Sie manchmal Tagträume von einem ganz anderen Leben?

Gestatten Sie es sich, diese Tagträume auszumalen?

Stellen Sie sich vor: Jemand würdigt Ihr bisheriges Leben. Was müsste unbedingt in dieser Würdigung enthalten sein?

Was sollen Ihre Nachkommen einmal auf die Frage antworten, was Ihnen wichtig war im Leben?

Was steht noch aus in Ihrem Leben, das unbedingt verwirklicht werden muss?

Dank

Ich möchte mich herzlich bei den Menschen bedanken, die mir erlaubt haben, über ihre Komplexepisoden zu schreiben. Ganz besonders bedanken möchte ich mich bei Astrid und bei Andreas, die mir großzügig ihre Texte zur Verfügung gestellt haben. Auch für die Anregungen, die ich dazu in meinem Seminar an der Universität Zürich bekommen habe, bedanke ich mich sehr.

Ganz herzlich bedanken möchte ich mich bei Karin Walter für die wiederum sehr schöne Zusammenarbeit.

Anhang

Komplexe

Die Entdeckung der Komplexe erfolgte in einem naturwissenschaftlich empirisch angelegten Experiment. Jung nahm an der Klinik Burghölzli die Tradition der empirischen Forschung mit Assoziationen auf, die auf Kraepelin, den Schüler Wundts, zurückgeht. Wundt hatte als erster systematische Untersuchungen zum Thema der Assoziationen gemacht. Die Versuchsanordnung des Assoziationsexperiments, die von Jung übernommen wurde, war und ist einfach: Der Versuchsleiter oder die Versuchsleiterin nennt ein Wort, die Versuchsperson reagiert mit dem Begriff, der ihr als erstes einfällt, zum Beispiel grün – Wiese. Man versucht also herauszufinden, welche Vorstellung in einem Menschen durch ein Wort, ein Reizwort, ausgelöst und geweckt wird. Gesucht wurden bei diesen Forschungen ursprünglich Regeln des Assoziierens. Man wollte damit verschiedene intellektuelle Typen unterscheiden, den Unterschied zwischen den Assoziationen Kranker und Gesunder, die Bedeutung der Aufmerksamkeit für die Assoziation usw. feststellen können. In weiteren Versuchen ermüdeten Kraepelin und Aschaffenburg die Versuchspersonen. Sie stellten dabei fest, dass die Art der Assoziationen unterschiedlich gebildeter Menschen, die sich normalerweise unterscheiden, bei Ermüdung sich anglichen: So nahmen zum Beispiel die Klangassoziationen (Kuh – Muh) zu. Eine Zunahme der Klangreaktionen war aber auch, so stellten Jung und Riklin fest, bei Menschen festzustellen, die einen starken Affekt erlebt hatten. Überhaupt stellten sie fest, dass nicht immer ohne weiteres assoziiert werden konnte, obwohl die Sprache dies erlauben würde. Es gab Reaktionen, die von Kraepelin als „Fehler" bezeichnet und für die Untersuchungen nicht weiter beachtet wurden. Diese sogenannten Fehler interessierten Jung und Riklin. Sie studierten zum Beispiel Assoziationen, die erst nach langer Reaktionszeit erfolgten, oder die im Reproduktionsversuch nicht erinnert werden konnten. Sie fragten sich, auch beeinflusst von den Forschungen von Freud (Zur Psychopathologie des Alltagslebens)[46], welche Reminiszenzen hinter einer solchen Reaktion, einem „Fehler" eigentlich, verborgen sein konnte. Dabei stellten sie auch fest, dass nicht bei jedem Wort, das etwa eine lange Reaktionszeit hatte, eine neue Erinnerung auftauchte, sondern dass eine bedeutsame affektive Erinnerung durch verschiedene Wörter angesprochen werden konnte. Die verdrängte Reminiszenz – so schlossen sie daraus – besteht aus einer mehr oder weniger großen Anzahl einzelner Vorstellungen, die durch den Affekt „zusammengehalten" werden.[47] Und Jung und Riklin fanden weiter heraus, dass dort, wo nicht glatt assoziiert werden konnte, das Reizwort sich auf eine peinliche „persönliche Angelegenheit" bezog.[48] Diese peinliche persönliche Angelegenheit nannten sie Komplex.

---

[46] Freud Sigmund (1904) Zur Psychopathologie des Alltagslebens. Frankfurt am Main
[47] Jung Carl Gustav, Experimentelle Untersuchungen, GW 2 § 863-891
[48] Jung Carl Gustav, Experimentelle Untersuchungen, GW 2 § 1350f.

Der gefühlsbetonte Komplex

Im Aufsatz: „Der gefühlsbetonte Komplex und seine allgemeinen Wirkungen auf die Psyche"[49] von 1906 sagt Jung, wesentliche Grundlage der Persönlichkeit sei die Affektivität. (§ 78) Unter Affektivität versteht er Gefühl, Gemüt, Affekt, Emotion. Die Elemente des psychischen Lebens seien dem Bewusstsein in Form gewisser Einheiten gegeben (§ 78): Sinnesempfindung, intellektuelle Komponenten (heute als Verarbeitung der Sinnesempfindung verstanden) und Gefühlston.

Er fügt ein Beispiel an: *„Ich treffe auf der Straße einen alten Kameraden an;* es entsteht daraus in meinem Gehirn ein Bild, eine *funktionelle Einheit:* das Bild meines Kameraden X. Wir unterscheiden an dieser Einheit ... drei Komponenten: *Sinnesempfindung, intellektuelle Komponente* (Vorstellung, Erinnerungsbilder, Urteile usw.), *Gefühlston.* Diese drei Komponenten sind zu einer festen Verbindung vereinigt, so dass, wenn bloß das Erinnerungsbild des X. auftaucht, alle zugehörigen Elemente in der Regel auch immer dabei sind. ... Die ganze Erinnerungsmasse hat einen bestimmten Gefühlston" (§ 79-80), zum Beispiel Ärger. Und an diesem Ärger nehmen nun auch alle Aspekte der Vorstellung teil.

Diesen Gedanken habe ich so ausführlich dargestellt, weil Jung hier das Konzept des Episodengedächtnisses, wie es Tulving 1972 beschrieben hat, vorweggenommen hat.

Zudem wird der Zusammenhang zwischen Affekt und Komplex sehr deutlich.

Jung hat mit dem Assoziationsexperiment experimentell nachgewiesen, wie die Komplexe das Assoziieren stören (§ 92), und zwar vor allem aufgrund des Affekts. Auffällige Fassung der Reaktion, Perseveration, Verlängerung der Reaktionszeit, Vergessen

---

[49] In: Jung Carl Gustav, Psychogenese der Geisteskrankheiten, GW 3, Walter, Olten § 77 ff.

der kritischen Reaktion, Veränderung des Hautwiderstandes usw. weisen auf einen Komplex hin. Das psychogalvanische Experiment, mit dem die Veränderung des Hautwiderstandes gemessen wird, zeigt deutlich, wie das Anspringen von Komplexen auch eine körperliche, physiologisch erlebbare und messbare Reaktion bewirkt. Diese sogenannten Komplexmerkmale wurden von Schlegel (1982) wiederum in einem breit naturwissenschaftlich angelegten Untersuchungsszenario nachuntersucht. Die heftigen psychischen und physischen Reaktionen auf dieses Experiment, die man aus der Diagnostik kennt, bestätigten sich in dieser Untersuchung. Schlegel arbeitete auch heraus, welche Komplexmerkmale am stärksten mit dem Hautwiderstand korrelieren.[50]

Jung schloss aus diesen Komplexmerkmalen, dass die Komplexe mehrheitlich verdrängt sind, dass, je stärker der Gefühlston eines Komplexes ist, um so häufiger die Störungen im Experiment sind. (§ 93) „Die Absichtlichkeit des Handelns wird immer mehr ersetzt durch unbeabsichtigte Fehler ... für die er selber oft keinen Grund anzugeben weiß. Ein Mensch mit einem starken Komplex hat darum intensive Störungen beim Assoziationsexperiment; eine Menge von scheinbar unschuldigen Reizwörtern erregen den Komplex."[51] Der Komplex hat aber auch eine eigentümliche Wirkung auf die Erinnerung: Entweder wird man die Emotion und die damit verbundenen Vorstellungen nicht los, oder aber, man wird sie so gründlich los, dass man sie nicht mehr erinnern kann.

Jungs Erklärung lautet: Ein starker Affekt dränge das ruhige Spiel der Vorstellungen zur Seite und bestimme die ganze Aufmerk-

---

[50] Mario Schlegel, Zeier Hans (1982) Psychophysiologische Aspekte des Assoziationsexperiments und Normdaten zu einer Reizwörterliste. Anal. Psychol. 13, 2, 75-92
[51] Jung Carl Gustav, GW 3, § 93

samkeit, er habe den stärksten „Aufmerksamkeitston (§ 84) könne daher das bewusste Denken hemmen oder fördern. Situationen, die emotional sehr betont sind, werden zu einem Komplex und besetzen das Bewusstsein – das heißt, wir können im Moment an nichts anderes denken ... Trifft das affektbetonte Ereignis auf einen schon bestehenden Komplex, so verstärkt es diesen (§ 140). Es fällt auf, dass Jung hier – wie auch oft später – die Begriffe Affekt und Komplex fast stellvertretend benutzt. Es wird aber auch deutlich, dass Affekte Komplexe verursachen und dass der Affekt sozusagen der Kitt der Vorstellungen ist, die man dann letztlich Komplex nennt, dass diese Komplexe ihrerseits aber auch wieder die Affektivität maßgebend beeinflussen.

Jedes affektgeladene Ereignis wird zu einem Komplex. Werden die Themen oder die Emotionen, die mit dem Komplex verbunden sind, angesprochen, dann wird das Gesamte der unbewussten Verknüpfungen aktiviert – in der Jungschen Psychologie wird dafür der Ausdruck „konstelliert" verwendet – samt der dazugehörenden Emotion aus der ganzen Lebensgeschichte und den daraus resultierenden, stereotyp ablaufenden Abwehrstrategien. Je größer die Emotion und das dazugehörige Bedeutungsassoziationsfeld sind, desto „stärker" ist der Komplex, desto mehr werden andere psychische Anteile, insbesondere auch der Ichkomplex, in den Hintergrund gedrängt. Die aktuelle Stärke eines Komplexes in Relation zu den anderen vorhandenen Komplexen und zum Ichkomplex – die aktuelle Komplexlandschaft eines Menschen – kann mit dem Assoziationsexperiment diagnostiziert werden.

Jung war zu dieser Zeit fasziniert vom Assoziationsvorgang als solchem. Seine Idee der Erinnerung, auch der komplexhaften Erinnerung, als einer funktionellen Einheit, bedeutet ja auch, dass man von jeder der Komponenten aus – von der Sinnesempfindung, vom Erinnerungsbild und vom Gefühlston aus, sich dem Komplex annähern kann, und zwar über das Sammeln von weiteren Assoziationen, von weiteren Einfällen zu den Wörtern, die einen Komplex berührt haben. Diese Assoziationen führen letztlich zum Komplexthema und der dazugehörigen Emotion.

Heute werden zu den Wörtern, die Komplexe auslösen, eher Geschichten erzählt. So findet man die Komplexepisoden. Indem man eine Komplexepisode erzählt, entsteht ein Erzählraum, der auch ein Fantasieraum ist. Ein Schlüsselerlebnis kann dabei emotional zur Sprache kommen. Was einem derart unter die Haut ging und immer noch geht, kann in Sprache gefasst und mit einem anderen Menschen geteilt werden. Dadurch können auch neue Assoziationen gemacht werden, neue Verbindungen, neue Perspektiven im Blick auf die eigenen Geschichte können eingenommen werden und damit wird meistens auch die emotionelle Bewertung der Fakten reichhaltiger, differenzierter. Die Komplexepisoden und die damit verbundenen Gefühle können sich verändern. Es ist dabei aber unabdingbar wichtig, dass erzählt wird, und nicht nur informiert. Geben wir Informationen, wird der Vorstellungsraum, der auch ein Raum der möglichen Wandlung ist, nur wenig oder überhaupt nicht genützt.

Das Märchen vom Aschenputtel

Einem reichen Manne, dem wurde seine Frau krank, und als sie fühlte, dass ihr Ende herankam, rief sie ihr einziges Töchterlein zu sich ans Bett und sprach: „Liebes Kind, bleibe fromm und gut, so wird dir der liebe Gott immer beistehen, und ich will vom Himmel auf dich herabblicken, und will um dich sein." Darauf tat sie die Augen zu und verschied. Das Mädchen ging jeden Tag hinaus zu dem Grabe der Mutter und weinte und blieb fromm und gut. Als der Winter kam, deckte der Schnee ein weißes Tüchlein auf das Grab, und als die Sonne im Frühjahr es wieder herabgezogen hatte, nahm sich der Mann eine andere Frau.

Die Frau hatte zwei Töchter mit ins Haus gebracht, die schön und weiß von Angesicht waren, aber garstig und schwarz von Herzen. Da ging eine schlimme Zeit für das arme Stiefkind an. „Soll die dumme Gans bei uns in der Stube sitzen!" sprachen sie. „Wer Brot essen will, muss es verdienen: hinaus mit der Küchenmagd." Sie nahmen ihm seine schönen Kleider weg, zogen ihm einen grauen alten Kittel an, und gaben ihm hölzerne Schuhe. „Seht einmal die stolze Prinzessin, wie sie geputzt ist!", riefen sie, lachten und führten es in die Küche. Da musste es von Morgen bis Abend schwere Arbeit tun, früh vor Tag aufstehn, Wasser tragen, Feuer anmachen, kochen und waschen. Obendrein taten ihm die Schwestern alles ersinnliche Herzeleid an, verspotteten es und schütteten ihm die Erbsen und Linsen in die Asche, sodass es sitzen und sie wieder auslesen musste. Abends, wenn es sich müde gearbeitet hatte, kam es in kein Bett, sondern musste sich neben den Herd in die Asche legen. Und weil es darum immer staubig und schmutzig aussah, nannten sie es *Aschenputtel.*

Es trug sich zu, dass der Vater einmal in die Messe ziehen wollte, da fragte er die beiden Stieftöchter, was er ihnen mitbringen sollte. „Schöne Kleider", sagte die eine. „Perlen und Edelsteine", die zweite. „Aber du, Aschenputtel", sprach er, „was willst du haben?" „Vater, das erste Reis, das Euch auf Eurem Heimweg an den Hut stößt, das brecht für mich ab." Er kaufte nun für die beiden Stiefschwestern schöne Kleider, Perlen und Edelsteine, und auf dem Rückweg, als er durch einen grünen Busch ritt, streifte ihn ein Haselreis und stieß ihm den Hut ab. Da brach er das Reis ab und nahm es mit. Als er nach Haus kam, gab er den Stieftöchtern, was sie sich gewünscht hatten, und dem Aschenputtel gab er das Reis von dem Haselbusch. Aschenputtel dankte ihm, ging zu seiner Mutter Grab und pflanzte das Reis darauf und weinte so sehr, dass die Tränen darauf niederfielen und es begossen. Es wuchs aber, und ward ein schöner Baum. Aschenputtel ging alle Tage dreimal darunter, weinte und betete, und alle Mal kam ein weißes Vögelein auf den Baum, und wenn es einen Wunsch aussprach, so warf ihm das Vögelein herab, was es sich gewünscht hatte.

Es begab sich aber, dass der König ein Fest anstellte, das drei Tage dauern sollte, und wozu alle schönen Jungfrauen im Lande eingeladen wurden, damit sich sein Sohn eine Braut aussuchen möchte. Die zwei Stiefschwestern, als sie hörten, dass sie auch dabei erscheinen sollten, waren guter Dinge, riefen Aschenputtel und sprachen: „Kämm uns die Haare, bürste uns die Schuhe und mache uns die Schnallen fest, wir gehen zur Hochzeit auf des Königs Schloss." Aschenputtel gehorchte, weinte aber, weil es auch gern zum Tanz mitgegangen wäre, und bat die Stiefmutter, sie möchte es ihm erlauben. „Du Aschenputtel", sprach sie, „bist voll Staub und Schmutz, und willst zur Hochzeit? Du hast keine Kleider und Schuhe, und willst tanzen!" Als es aber mit Bitten anhielt, sprach sie endlich: „Da habe ich dir eine Schüssel Linsen in die Asche geschüttet, wenn du die Linsen in zwei Stunden wieder ausgelesen hast, so sollst du mitgehen." Das Mädchen ging durch die Hintertür nach dem Garten und rief: „Ihr zahmen Täubchen, ihr Turteltäubchen, all ihr Vöglein unter dem Himmel, kommt und helft mir lesen,

die guten ins Töpfchen,
die schlechten ins Kröpfchen."

Da kamen zum Küchenfenster zwei weiße Täubchen herein und danach die Turteltäubchen, und endlich schwirrten und schwärmten alle Vöglein unter dem Himmel herein und ließen sich um die Asche nieder. Und die Täubchen nickten mit den Köpfchen und fingen an pick, pick, pick, pick, und da fingen die übrigen auch an pick, pick, pick, pick und lasen alle guten Körnlein in die Schüssel. Kaum war eine Stunde herum, so waren sie schon fertig und flogen alle wieder hinaus. Da brachte das Mädchen die Schüssel der Stiefmutter, freute sich und glaubte, es dürfte nun mit auf die Hochzeit gehen. Aber sie sprach: „Nein, Aschenputtel, du hast keine Kleider, und kannst nicht tanzen: du wirst nur ausgelacht." Als es nun weinte, sprach sie: „Wenn du mir zwei Schüsseln voll Linsen in einer Stunde aus der Asche reinlesen kannst, so sollst du mitgehen." Und dachte: „Das kann es ja nimmermehr." Als sie die zwei Schüsseln Linsen in die Asche geschüttet hatte, ging das Mädchen durch die Hintertür nach dem Garten und rief: „Ihr zahmen Täubchen, ihr Turteltäubchen, all ihr Vöglein unter dem Himmel, kommt und helft mir lesen,
die guten ins Töpfchen,
die schlechten ins Kröpfchen."

Da kamen zum Küchenfenster zwei weiße Täubchen herein und danach die Turteltäubchen, und endlich schwirrten und schwärmten alle Vögel unter dem Himmel herein und ließen sich um die Asche nieder. Und die Täubchen nickten mit ihren Köpfchen und fingen an pick, pick, pick, pick, und da fingen die übrigen auch an pick, pick, pick, pick und lasen alle guten Körner in die Schüsseln. Und ehe eine halbe Stunde herum war, waren sie schon fertig, und flogen alle wieder hinaus. Da trug das Mädchen die Schüsseln zu der Stiefmutter, freute sich und glaubte, nun dürfte es mit auf die Hochzeit gehen. Aber sie sprach: „Es hilft dir alles nichts; du kommst nicht mit, denn du hast keine Kleider und kannst nicht tanzen; wir müssten uns deiner schämen." Darauf kehrte sie ihm den Rücken zu und eilte mit ihren zwei stolzen Töchtern fort.

Als nun niemand mehr daheim war, ging Aschenputtel zu seiner Mutter Grab unter den Haselbaum und rief:

„Bäumchen, rüttel dich und schüttel dich,
wirf Gold und Silber über mich."

Da warf ihm der Vogel ein golden und silbern Kleid herunter und mit Seide und Silber ausgestickte Pantoffeln. In aller Eile zog es das Kleid an und ging zur Hochzeit. Seine Schwestern aber und die Stiefmutter kannten es nicht und meinten, es müsse eine fremde Königstochter sein, so schön sah es in dem goldenen Kleide aus. An Aschenputtel dachten sie gar nicht und dachten, es säße daheim im Schmutz und suchte die Linsen aus der Asche. Der Königssohn kam ihm entgegen, nahm es bei der Hand und tanzte mit ihm. Er wollte auch sonst mit niemand tanzen, also dass er ihm die Hand nicht losließ, und wenn ein anderer kam, es aufzufordern, sprach er: „Das ist meine Tänzerin."

Es tanzte, bis es Abend war, da wollte es nach Hause gehen. Der Königssohn aber sprach: „Ich gehe mit und begleite dich", denn er wollte sehen, wem das schöne Mädchen angehörte. Sie entwischte ihm aber und sprang in das Taubenhaus. Nun wartete der Königssohn, bis der Vater kam, und sagte ihm, das fremde Mädchen wäre in das Taubenhaus gesprungen. Der Alte dachte: „Sollte es Aschenputtel sein?" Und sie mussten ihm Axt und Hacke bringen, damit er das Taubenhaus entzweischlagen konnte: Aber es war niemand drin. Und als sie ins Haus kamen, lag Aschenputtel in seinen schmutzigen Kleidern in der Asche, und ein trübes Öllämpchen brannte im Schornstein; denn Aschenputtel war geschwind aus dem Taubenhaus hinten herausgesprungen und war zu dem Haselbäumchen gelaufen; da hatte es die schönen Kleider abgezogen und aufs Grab gelegt, und der Vogel hatte sie wieder weggenommen, und dann hatte es sich in seinem grauen Kittelchen in die Küche zur Asche gesetzt.

Am anderen Tag, als das Fest von Neuem anhob, und die Eltern und Stiefschwestern wieder fort waren, ging Aschenputtel zu dem Haselbaum und sprach:

„Bäumchen, rüttel dich und schüttel dich,
wirf Gold und Silber über mich."

Da warf der Vogel ein noch viel stolzeres Kleid herab als am vorigen Tag. Und als es mit diesem Kleide auf der Hochzeit erschien, erstaunte jedermann über seine Schönheit. Der Königssohn aber hatte gewartet, bis es kam, nahm es gleich bei der Hand und tanzte nur allein mit ihm. Wenn die andern kamen und es aufforderten, sprach er: „Das ist meine Tänzerin." Als es nun Abend war, wollte es fort, und der Königssohn ging ihm nach und wollte sehen, in welches Haus es ging; aber es sprang ihm fort und in den Garten hinter dem Haus. Darin stand ein schöner großer Baum, an dem die herrlichsten Birnen hingen, es kletterte so behend wie ein Eichhörnchen zwischen die Äste, und der Königssohn wusste nicht, wo es hingekommen war. Er wartete aber, bis der Vater kam, und sprach zu ihm: „Das fremde Mädchen ist mir entwischt und ich glaube, es ist auf den Birnbaum gesprungen." Der Vater dachte: „Sollte es Aschenputtel sein?", ließ sich die Axt holen und hieb den Baum um, aber es war niemand darauf. Und als sie in die Küche kamen, lag Aschenputtel da in der Asche, wie sonst auch, denn es war auf der andern Seite vom Baum herabgesprungen, hatte dem Vogel auf dem Haselbäumchen die schönen Kleider wiedergebracht und sein graues Kittelchen angezogen.

Am dritten Tag, als die Eltern und Schwestern fort waren, ging Aschenputtel wieder zu seiner Mutter Grab und sprach zu dem Bäumchen:

„Bäumchen, rüttel dich und schüttel dich,
wirf Gold und Silber über mich."

Nun warf ihm der Vogel ein Kleid herab, das war so prächtig und glänzend, wie es noch keines gehabt hatte, und die Pantoffeln waren ganz golden. Als es in dem Kleid zu der Hochzeit kam, wussten sie alle nicht, was sie vor Verwunderung sagen sollten. Der Königssohn tanzte ganz allein mit ihm, und wenn es einer aufforderte, sprach er: „Das ist meine Tänzerin."

Als es nun Abend war, wollte Aschenputtel fort, und der Königssohn wollte es begleiten, aber es entsprang ihm so geschwind, dass er nicht folgen konnte. Der Königssohn hatte aber eine List gebraucht, und er hatte die ganze Treppe mit Pech bestreichen lassen: Da war, als es hinabsprang, der linke Pantoffel des Mädchens hängen geblieben. Der Königssohn hob ihn auf, und er war klein und zierlich und ganz golden. Am nächsten Morgen ging er damit zu dem Mann, und sagte zu ihm: „Keine andere soll meine Gemahlin werden als die, an deren Fuß dieser goldene Schuh passt." Da freuten sich die beiden Schwestern, denn sie hatten schöne Füße. Die älteste ging mit dem Schuh in die Kammer und wollte ihn anprobieren und die Mutter stand dabei. Aber sie konnte mit der großen Zehe nicht hineinkommen, und der Schuh war ihr zu klein, da reichte ihr die Mutter ein Messer und sprach: „Hau die Zehe ab; wenn du Königin bist, so brauchst du nicht mehr zu Fuß zu gehen." Das Mädchen hieb die Zehe ab, zwängte den Fuß in den Schuh, verbiss den Schmerz und ging heraus zum Königssohn. Da nahm er sie als seine Braut aufs Pferd und ritt mit ihr fort. Sie mussten aber an dem Grab vorbei, da saßen die zwei Täubchen auf dem Haselbäumchen und riefen:

„Rucke di guck, rucke di guck,
Blut ist im Schuck (Schuh):
Der Schuck ist zu klein,
die rechte Braut sitzt noch daheim."

Da blickte er auf ihren Fuß und sah, wie das Blut herausquoll. Er wendete sein Pferd um, brachte die falsche Braut wieder nach Hause und sagte, das wäre nicht die rechte, die andere Schwester solle den Schuh anziehen. Da ging diese in die Kammer und kam mit den Zehen glücklich in den Schuh, aber die Ferse war zu groß. Da reichte ihr die Mutter ein Messer und sprach: „Hau ein Stück von der Ferse ab; wenn du Königin bist, brauchst du nicht mehr zu Fuß zu gehen." Das Mädchen hieb ein Stück von der Ferse ab, zwängte den Fuß in den Schuh, verbiss den Schmerz und ging heraus zum Königssohn. Da nahm er sie als seine Braut aufs Pferd und ritt mit ihr fort. Als sie an dem Haselbäumchen vorbeikamen, saßen die zwei Täubchen darauf und riefen:

„Rucke di guck, rucke di guck,
Blut ist im Schuck (Schuh):
Der Schuck ist zu klein,
die rechte Braut sitzt noch daheim."

Er blickte nieder auf ihren Fuß und sah, wie das Blut aus dem Schuh quoll und an den weißen Strümpfen ganz rot heraufgestiegen war. Da wendete er sein Pferd und brachte die falsche Braut wieder nach Haus. „Das ist auch nicht die rechte", sprach er, „habt ihr keine andere Tochter?" „Nein", sagte der Mann, „nur von meiner verstorbenen Frau ist noch ein kleines verbuttetes Aschenputtel da: Das kann unmöglich die Braut sein." Der Königssohn sprach, er sollte es heraufschicken, die Mutter aber antwortete: „Ach nein, das ist viel zu schmutzig, das darf sich nicht sehen lassen." Er wollte es aber durchaus haben, und Aschenputtel musste gerufen werden. Da wusch es sich erst Hände und Angesicht rein, ging dann hin und neigte sich vor dem Königssohn, der ihm den goldenen Schuh reichte. Dann setzte es sich auf einen Schemel, zog den Fuß aus dem schweren Holzschuh und steckte ihn in den Pantoffel, der war wie angegossen. Und als es sich in die Höhe richtete und der König ihm ins Gesicht sah, so erkannte er das schöne Mädchen, das mit ihm getanzt hatte, und rief: „Das ist die rechte Braut." Die Stiefmutter und die beiden Schwestern erschraken und wurden bleich vor Ärger: er aber nahm Aschenputtel aufs Pferd und ritt mit ihm fort. Als sie an dem Haselbäumchen vorbeikamen, riefen die zwei weißen Täubchen:

„Rucke di guck, rucke di guck,
kein Blut im Schuck:
Der Schuck ist nicht zu klein,
die rechte Braut, die führt er heim."

Und als sie das gerufen hatten, kamen sie beide herabgeflogen und setzten sich dem Aschenputtel auf die Schultern, eine rechts, die andere links, und blieben da sitzen.

Als die Hochzeit mit dem Königssohn sollte gehalten werden, kamen die falschen Schwestern, wollten sich einschmeicheln und teil an seinem Glück nehmen. Als die Brautleute nun zur Kirche gingen, war die älteste zur rechten, die jüngste zur linken Seite: da pickten die Tauben einer jeden das eine Auge aus. Hernach, als sie herausgingen, war die älteste zur linken und die jüngste zur rechten: da pickten die Tauben einer jeden das andere Auge aus. Und waren sie also für ihre Bosheit und Falschheit mit Blindheit auf ihr Lebtag bestraft.

Literatur

Breiter H. et al (1997) Acute effects of cocaine on human brain activity and emotion. In: Neuron 19, S. 591-611, 1997

Bürgy Martin, Mundt Christian (2000) Methodenprobleme der Biographieforschung über Lebensthemen. In: ZKPP 48, 329-342

Eckstein Daniel (1976) Early recollections changes after counselling: a case study. Journal of Individual Psychology, 32, 212-223

Freud Sigmund (1904) Zur Psychopathologie des Alltagslebens, Frankfurt am Main

Jung Carl Gustav, Allgemeines zur Komplextheorie, GW 8. Düsseldorf

Jung Carl Gustav, Die Probleme der modernen Psychotherapie. In: Praxis der Psychotherapie, GW 16. Düsseldorf

Jung Carl Gustav, Experimentelle Untersuchungen, GW 2. Düsseldorf

Jung Carl Gustav, Psychogenese der Geisteskrankheiten, GW 3. Düsseldorf

Jung Carl Gustav, Die transzendente Funktion. In: Die Dynamik des Unbewussten, GW 8. Düsseldorf

Jung Carl Gustav, Psychologische Typen, GW 6. Düsseldorf

Kast Verena (1982) Trauern. Phasen und Chancen des psychischen Prozesses. Stuttgart

Kast Verena (1990) Die Dynamik der Symbole. Grundlage der Jungschen Psychotherapie, Olten und München ^{4}2002

Kast Verena (1991) Freude, Inspiration, Hoffnung. Olten

Kast Verena (1994) Sich einlassen und loslassen. Neue Lebensmöglichkeiten bei Trauer und Trennung. Freiburg im Breisgau

Kast Verena (1994) Vater – Töchter, Mutter – Söhne: Wege zur eigenen Identität aus Vater- und Mutterkomplexen. Stuttgart

Kast Verena (1996) Vom Sinn der Angst. Wie Ängste sich festsetzen und wie sie sich verwandeln lassen. Freiburg im Breisgau

Kast Verena (1996) Neid und Eifersucht. Die Herausforderung durch unangenehme Gefühle. Zürich

Kast Verena (1998) Abschied von der Opferrolle. Das eigene Leben leben. Freiburg im Breisgau

Kast Verena (1998) Komplextheorie gestern und heute. Empirische Forschung in der Jungschen Psychologie. In: Anal Psychol 1998, 29:296-316

Kast Verena (1998) Vom Sinn des Ärgers. Anreiz zu Selbstbehauptung und Selbstentfaltung. Stuttgart

Kast Verena (2000) Lebenskrisen werden Lebenschancen. Wendepunkte des Lebens aktiv gestalten. Freiburg im Breisgau

Kast Verena (2001) Aufbrechen und Vertrauen finden. Die kreative Kraft der Hoffnung. Freiburg im Breisgau

Kast Verena (2001) Vom Interesse und dem Sinn der Langeweile. Düsseldorf

Kast Verena (2003) Trotz allem Ich. Gefühle des Selbstwerts und die Erfahrung von Identität. Freiburg im Breisgau

Markus H., Nurius P. (1986) Possible selves. American Psychologist 41: 954-969

Mario Schlegel, Zeier Hans (1982) Psychophysiologische Aspekte des Assoziationsexperiments und Normdaten zu einer Reizwörterliste. Anal. Psychol. 13, 2, 75-92

Schütz Astrid (2000) Psychologie des Selbstwertgefühls. Von Selbstakzeptanz bis Arroganz. Stuttgart, Berlin, Köln

Spitzer Manfred (2003) Weihnachten im Gehirn. www.zeit.de/N-Weihnachten im Gehirn

Stern Daniel N. (1992) Die Lebenserfahrung des Säuglings. Stuttgart

Tulving Endel (1972) Episodic and Semantic Memory. In: E. Tulving and W. Donaldson (Hrsg.) Organization of Memory, New York

Bücher, die leben helfen von Verena Kast

Abschied von der Opferrolle
Das eigene Leben leben
Band 5374

Erstarrte Positionen aufgeben, ein gutes Selbstwertgefühl entwickeln, das eigene Leben wirklich leben. Darum geht es.

Aufbrechen und Vertrauen finden
Die kreative Kraft der Hoffnung
Band 5142

Gerade in Zeiten der Unsicherheiten und des Umbruchs brauchen wir die Hoffnung. Sie kann aktiviert werden und gibt die Kraft, neu aufzubrechen.

Lass dich nicht leben – lebe!
Die eigenen Ressourcen schöpferisch nutzen
Band 5314

Authentisch sein: Verena Kast erschließt neue Dimensionen zu diesem Lebensthema. „Nach wie vor erfrischende Lebenshilfe" (ekz).

Lebenskrisen werden Lebenschancen
Wendepunkte des Lebens aktiv gestalten
Band 5402

Krisen gehören zum Leben. Oft ist es schwer, wieder Licht ins Dunkel zu bringen. Doch Krisen können auch positive Energien freisetzen.

Loslassen und sich selber finden
Die Ablösung von den Kindern
Band 4910

Sich loslassen und sich als Erwachsene neu begegnen. Phasen und Chancen im Ablösungsprozess von den Kindern.

HERDER spektrum

Mit Verena Kast die Lebensfreude einladen
Band 5707

Lebensfreude: Jeder Mensch hat sie – doch ist sie oftmals gut versteckt. Verena Kast lädt dazu ein, sie wieder zu entdecken. Denn Lebensfreude ist eine wichtige Ressource, die auch durch schwierigere Zeiten trägt.

Sich einlassen und loslassen
Neue Lebensmöglichkeiten bei Trauer und Trennung
Band 4888

Den Blick nach vorn richten, eine neue Lebenslust entwickeln: Das sind Chancen, die das Leben auch im Loslassen reicher machen.

Sich wandeln und sich neu entdecken
Band 5914

Leben heißt wachsen und sich entwickeln. Gerade in Krisen oder in Lebensübergängen eröffnen sich neue Wege der Wandlung und inneren Reifung, die Lebenskraft für sich und andere freisetzen können.

Trotz allem ICH
Gefühle des Selbstwerts und die Erfahrung von Identität
Band 5641

Wer bin ich eigentlich selbst? Wie sehen mich die anderen? Wer sich mit sich selbst im Einklang fühlt, hat ein gutes Selbstwertgefühl.

Vom Sinn der Angst
Wie Ängste sich festsetzen und wie sie sich verwandeln lassen
Band 5839

„Würden wir uns der Angst mehr stellen, dann bekämen wir mehr Zugang zu dem, was geändert werden muss, aber auch zu dem, was uns Halt gibt. Damit würden wir echter werden, mehr mit unseren Gefühlen verbunden, damit würden auch unsere mitmenschlichen Beziehungen wieder echter und damit lebendiger." (Verena Kast)

HERDER spektrum